Mon Carnet de

Musculation

Programmes & Planning et suivi d'entraînement

Mois 1

Bilan de Démarrage

Date :

Premier mois

Objectifs de 4 semaines

Mes Mesures:

Mes Mesures : Je remplis ici les mesures que je souhaite suivre

Poids / Masses	Aujourd'hui	Objectif Final

Motivation & Objectifs

<u>Jour 1</u>	**<u>Jour 8</u>**	**<u>Jour 15</u>**	**<u>Jour 22</u>**
<u>Jour 2</u>	**<u>Jour 9</u>**	**<u>Jour 16</u>**	**<u>Jour 23</u>**
<u>Jour 3</u>	**<u>Jour 10</u>**	**<u>Jour 17</u>**	**<u>Jour 24</u>**
<u>Jour 4</u>	**<u>Jour 11</u>**	**<u>Jour 18</u>**	**<u>Jour 25</u>**
<u>Jour 5</u>	**<u>Jour 12</u>**	**<u>Jour 19</u>**	**<u>Jour 26</u>**
<u>Jour 6</u>	**<u>Jour 13</u>**	**<u>Jour 20</u>**	**<u>Jour 27</u>**
<u>Jour 7</u>	**<u>Jour 14</u>**	**<u>Jour 21</u>**	**<u>Jour 28</u>**

<table>
<tr><td>Semaine : 1</td><td colspan="2" align="center">Cardio</td><td>Séance : 1</td></tr>
</table>

Date de la séance	

Début d'entraînement :   **Fin d'entraînement :**

Exercice	Temps	Distance	Calories Brûlées

Musculation

Exercices	Série 1		Série 2		Série 3		Série 4		Série 5	
	Répétition	charges	Répétition	charges	Répétition	charges	Répétition	charges	Répétition	charges
		KG		KG		KG		KG		KG
		KG		KG		KG		KG		KG
		KG		KG		KG		KG		KG
		KG		KG		KG		KG		KG
		KG		KG		KG		KG		KG
		KG		KG		KG		KG		KG

Semaine : 1	**Cardio**	**Séance : 2**

Date de la séance

Début d'entraînement :   **Fin d'entraînement :**

Exercice	Temps	Distance	Calories Brûlées

Musculation

Exercices	Série 1		Série 2		Série 3		Série 4		Série 5	
	Répétition	charges	Répétition	charges	Répétition	charges	Répétition	charges	Répétition	charges
		KG		KG		KG		KG		KG
		KG		KG		KG		KG		KG
		KG		KG		KG		KG		KG
		KG		KG		KG		KG		KG
		KG		KG		KG		KG		KG
		KG		KG		KG		KG		KG

Cardio

Date de la séance	

Début d'entraînement :   **Fin d'entraînement :**

Exercice	Temps	Distance	Calories Brûlées

Musculation

Exercices	Série 1		Série 2		Série 3		Série 4		Série 5	
	Répétition	charges	Répétition	charges	Répétition	charges	Répétition	charges	Répétition	charges
		KG		KG		KG		KG		KG
		KG		KG		KG		KG		KG
		KG		KG		KG		KG		KG
		KG		KG		KG		KG		KG
		KG		KG		KG		KG		KG
		KG		KG		KG		KG		KG

Semaine : 2	Cardio	Séance : 1

Date de la séance

Début d'entraînement : **Fin d'entraînement :**

Exercice	Temps	Distance	Calories Brûlées

Musculation

Exercices	Série 1		Série 2		Série 3		Série 4		Série 5	
	Répétition	charges	Répétition	charges	Répétition	charges	Répétition	charges	Répétition	charges
		KG		KG		KG		KG		KG
		KG		KG		KG		KG		KG
		KG		KG		KG		KG		KG
		KG		KG		KG		KG		KG
		KG		KG		KG		KG		KG
		KG		KG		KG		KG		KG

Semaine : 2	Cardio	Séance : 2

Date de la séance

Début d'entraînement :   **Fin d'entraînement :**

Exercice	Temps	Distance	Calories Brûlées

Musculation

Exercices	Série 1		Série 2		Série 3		Série 4		Série 5	
	Répétition	charges	Répétition	charges	Répétition	charges	Répétition	charges	Répétition	charges
		KG		KG		KG		KG		KG
		KG		KG		KG		KG		KG
		KG		KG		KG		KG		KG
		KG		KG		KG		KG		KG
		KG		KG		KG		KG		KG
		KG		KG		KG		KG		KG

Semaine : 2	**Cardio**	**Séance : 3**

Date de la séance

Début d'entraînement :   **Fin d'entraînement :**

Exercice	Temps	Distance	Calories Brûlées

Musculation

Exercices	Série 1		Série 2		Série 3		Série 4		Série 5	
	Répétition	charges	Répétition	charges	Répétition	charges	Répétition	charges	Répétition	charges
		KG		KG		KG		KG		KG
		KG		KG		KG		KG		KG
		KG		KG		KG		KG		KG
		KG		KG		KG		KG		KG
		KG		KG		KG		KG		KG
		KG		KG		KG		KG		KG

<table>
<tr><td>Semaine : 3</td><td colspan="2">Cardio</td><td>Séance : 1</td></tr>
<tr><td>Date de la séance</td><td colspan="3"></td></tr>
<tr><td colspan="2">Début d'entraînement :</td><td colspan="2">Fin d'entraînement :</td></tr>
</table>

Exercice	Temps	Distance	Calories Brûlées

Musculation

Exercices	Série 1		Série 2		Série 3		Série 4		Série 5	
	Répétition	charges	Répétition	charges	Répétition	charges	Répétition	charges	Répétition	charges
		KG		KG		KG		KG		KG
		KG		KG		KG		KG		KG
		KG		KG		KG		KG		KG
		KG		KG		KG		KG		KG
		KG		KG		KG		KG		KG
		KG		KG		KG		KG		KG

Semaine : 3	Cardio	Séance : 2

Date de la séance	

Début d'entraînement :	Fin d'entraînement :

Exercice	Temps	Distance	Calories Brûlées

Musculation

Exercices	Série 1		Série 2		Série 3		Série 4		Série 5	
	Répétition	charges	Répétition	charges	Répétition	charges	Répétition	charges	Répétition	charges
		KG		KG		KG		KG		KG
		KG		KG		KG		KG		KG
		KG		KG		KG		KG		KG
		KG		KG		KG		KG		KG
		KG		KG		KG		KG		KG
		KG		KG		KG		KG		KG

Semaine : 3	Cardio		Séance : 3

Date de la séance

Début d'entraînement :   **Fin d'entraînement :**

Exercice	Temps	Distance	Calories Brûlées

Musculation

Exercices	Série 1		Série 2		Série 3		Série 4		Série 5	
	Répétition	charges	Répétition	charges	Répétition	charges	Répétition	charges	Répétition	charges
		KG		KG		KG		KG		KG
		KG		KG		KG		KG		KG
		KG		KG		KG		KG		KG
		KG		KG		KG		KG		KG
		KG		KG		KG		KG		KG
		KG		KG		KG		KG		KG

<table>
<tr><td>Semaine : 4</td><td colspan="2">Cardio</td><td>Séance : 1</td></tr>
</table>

Date de la séance	

Début d'entraînement :	Fin d'entraînement :

Exercice	Temps	Distance	Calories Brûlées

Musculation

Exercices	Série 1		Série 2		Série 3		Série 4		Série 5	
	Répétition	charges	Répétition	charges	Répétition	charges	Répétition	charges	Répétition	charges
		KG		KG		KG		KG		KG
		KG		KG		KG		KG		KG
		KG		KG		KG		KG		KG
		KG		KG		KG		KG		KG
		KG		KG		KG		KG		KG
		KG		KG		KG		KG		KG

Date de la séance

Début d'entraînement :   Fin d'entraînement :

Exercice	Temps	Distance	Calories Brûlées

Musculation

Exercices	Série 1		Série 2		Série 3		Série 4		Série 5	
	Répétition	charges	Répétition	charges	Répétition	charges	Répétition	charges	Répétition	charges
		KG		KG		KG		KG		KG
		KG		KG		KG		KG		KG
		KG		KG		KG		KG		KG
		KG		KG		KG		KG		KG
		KG		KG		KG		KG		KG
		KG		KG		KG		KG		KG

Semaine : 4	Cardio	Séance : 3

Date de la séance

Début d'entraînement :   **Fin d'entraînement :**

Exercice	Temps	Distance	Calories Brûlées

Musculation

Exercices	Série 1		Série 2		Série 3		Série 4		Série 5	
	Répétition	charges	Répétition	charges	Répétition	charges	Répétition	charges	Répétition	charges
		KG		KG		KG		KG		KG
		KG		KG		KG		KG		KG
		KG		KG		KG		KG		KG
		KG		KG		KG		KG		KG
		KG		KG		KG		KG		KG
		KG		KG		KG		KG		KG

Mois 2

Bilan de Démarrage

Date :

2éme mois

Objectifs de 4 semaines

Mes Mesures:

Mes Mesures : Je remplis ici les mesures que je souhaite suivre

Poids / Masses	Aujourd'hui	Objectif Final

Motivation & Objectifs

....

....

....

....

....

....

....

....

....

....

....

....

Jour 1	**Jour 8**	**Jour 15**	**Jour 22**
Jour 2	**Jour 9**	**Jour 16**	**Jour 23**
Jour 3	**Jour 10**	**Jour 17**	**Jour 24**
Jour 4	**Jour 11**	**Jour 18**	**Jour 25**
Jour 5	**Jour 12**	**Jour 19**	**Jour 26**
Jour 6	**Jour 13**	**Jour 20**	**Jour 27**
Jour 7	**Jour 14**	**Jour 21**	**Jour 28**

Semaine : 1		Cardio		Séance : 1

Date de la séance	

Début d'entraînement :	Fin d'entraînement :

Exercice	Temps	Distance	Calories Brûlées

Musculation

Exercices	Série 1		Série 2		Série 3		Série 4		Série 5	
	Répétition	charges	Répétition	charges	Répétition	charges	Répétition	charges	Répétition	charges
		KG		KG		KG		KG		KG
		KG		KG		KG		KG		KG
		KG		KG		KG		KG		KG
		KG		KG		KG		KG		KG
		KG		KG		KG		KG		KG

| **Semaine : 1** | | Cardio | | **Séance : 2** |

Date de la séance	

Début d'entraînement :	Fin d'entraînement :

Exercice	Temps	Distance	Calories Brûlées

Musculation

Exercices	Série 1		Série 2		Série 3		Série 4		Série 5	
	Répétition	charges	Répétition	charges	Répétition	charges	Répétition	charges	Répétition	charges
		KG		KG		KG		KG		KG
		KG		KG		KG		KG		KG
		KG		KG		KG		KG		KG
		KG		KG		KG		KG		KG
		KG		KG		KG		KG		KG
		KG		KG		KG		KG		KG

<table>
<tr><td>Semaine : 1</td><td colspan="2">Cardio</td><td>Séance : 3</td></tr>
</table>

Date de la séance	

Début d'entraînement : **Fin d'entraînement :**

Exercice	Temps	Distance	Calories Brûlées

Musculation

Exercices	Série 1 Répétition / charges	Série 2 Répétition / charges	Série 3 Répétition / charges	Série 4 Répétition / charges	Série 5 Répétition / charges
	KG	KG	KG	KG	KG
	KG	KG	KG	KG	KG
	KG	KG	KG	KG	KG
	KG	KG	KG	KG	KG
	KG	KG	KG	KG	KG
	KG	KG	KG	KG	KG

Semaine : 2	Cardio	Séance : 1

Date de la séance

Début d'entraînement : **Fin d'entraînement :**

Exercice	Temps	Distance	Calories Brûlées

Musculation

Exercices	Série 1		Série 2		Série 3		Série 4		Série 5	
	Répétition	charges	Répétition	charges	Répétition	charges	Répétition	charges	Répétition	charges
		KG		KG		KG		KG		KG
		KG		KG		KG		KG		KG
		KG		KG		KG		KG		KG
		KG		KG		KG		KG		KG
		KG		KG		KG		KG		KG
		KG		KG		KG		KG		KG

<table>
<tr><td>**Semaine : 2**</td><td colspan="2">**Cardio**</td><td>**Séance : 2**</td></tr>
</table>

Date de la séance

Début d'entraînement :   **Fin d'entraînement :**

Exercice	Temps	Distance	Calories Brûlées

Musculation

Exercices	Série 1		Série 2		Série 3		Série 4		Série 5	
	Répétition	charges	Répétition	charges	Répétition	charges	Répétition	charges	Répétition	charges
		KG		KG		KG		KG		KG
		KG		KG		KG		KG		KG
		KG		KG		KG		KG		KG
		KG		KG		KG		KG		KG
		KG		KG		KG		KG		KG
		KG		KG		KG		KG		KG

<table>
<tr><td>Semaine : 2</td><td colspan="2">Cardio</td><td>Séance : 3</td></tr>
</table>

Date de la séance	

Début d'entraînement :   **Fin d'entraînement :**

Exercice	Temps	Distance	Calories Brûlées

Musculation

Exercices	Série 1		Série 2		Série 3		Série 4		Série 5	
	Répétition	charges	Répétition	charges	Répétition	charges	Répétition	charges	Répétition	charges
		KG		KG		KG		KG		KG
		KG		KG		KG		KG		KG
		KG		KG		KG		KG		KG
		KG		KG		KG		KG		KG
		KG		KG		KG		KG		KG
		KG		KG		KG		KG		KG

<table>
<tr><td>Semaine : 3</td><td colspan="2">Cardio</td><td>Séance : 1</td></tr>
</table>

Date de la séance

Début d'entraînement :   **Fin d'entraînement :**

Exercice	Temps	Distance	Calories Brûlées

Musculation

Exercices	Série 1		Série 2		Série 3		Série 4		Série 5	
	Répétition	charges	Répétition	charges	Répétition	charges	Répétition	charges	Répétition	charges
		KG		KG		KG		KG		KG
		KG		KG		KG		KG		KG
		KG		KG		KG		KG		KG
		KG		KG		KG		KG		KG
		KG		KG		KG		KG		KG
		KG		KG		KG		KG		KG

<table>
<tr><td>Semaine : 3</td><td colspan="3">Cardio</td><td>Séance : 2</td></tr>
</table>

Date de la séance	

Début d'entraînement : **Fin d'entraînement :**

Exercice	Temps	Distance	Calories Brûlées

Musculation

Exercices	Série 1		Série 2		Série 3		Série 4		Série 5	
	Répétition	charges	Répétition	charges	Répétition	charges	Répétition	charges	Répétition	charges
		KG		KG		KG		KG		KG
		KG		KG		KG		KG		KG
		KG		KG		KG		KG		KG
		KG		KG		KG		KG		KG
		KG		KG		KG		KG		KG
		KG		KG		KG		KG		KG

Semaine : 3	Cardio	Séance : 3

Date de la séance	

Début d'entraînement :	Fin d'entraînement :

Exercice	Temps	Distance	Calories Brûlées

Musculation

Exercices	Série 1		Série 2		Série 3		Série 4		Série 5	
	Répétition	charges	Répétition	charges	Répétition	charges	Répétition	charges	Répétition	charges
		KG		KG		KG		KG		KG
		KG		KG		KG		KG		KG
		KG		KG		KG		KG		KG
		KG		KG		KG		KG		KG
		KG		KG		KG		KG		KG
		KG		KG		KG		KG		KG

Cardio

Date de la séance

Début d'entraînement :   **Fin d'entraînement :**

Exercice	Temps	Distance	Calories Brûlées

Musculation

Exercices	Série 1		Série 2		Série 3		Série 4		Série 5	
	Répétition	charges	Répétition	charges	Répétition	charges	Répétition	charges	Répétition	charges
		KG		KG		KG		KG		KG
		KG		KG		KG		KG		KG
		KG		KG		KG		KG		KG
		KG		KG		KG		KG		KG
		KG		KG		KG		KG		KG
		KG		KG		KG		KG		KG

<table>
<tr><td>Semaine : 4</td><td colspan="2">Cardio</td><td>Séance : 2</td></tr>
</table>

Date de la séance	

Début d'entraînement :   **Fin d'entraînement :**

Exercice	Temps	Distance	Calories Brûlées

Musculation

Exercices	Série 1		Série 2		Série 3		Série 4		Série 5	
	Répétition	charges	Répétition	charges	Répétition	charges	Répétition	charges	Répétition	charges
		KG		KG		KG		KG		KG
		KG		KG		KG		KG		KG
		KG		KG		KG		KG		KG
		KG		KG		KG		KG		KG
		KG		KG		KG		KG		KG
		KG		KG		KG		KG		KG

<table>
<tr><td>Semaine : 4</td><td colspan="3" align="center">Cardio</td><td>Séance : 3</td></tr>
</table>

Date de la séance	

Début d'entraînement : **Fin d'entraînement :**

Exercice	Temps	Distance	Calories Brûlées

Musculation

Exercices	Série 1		Série 2		Série 3		Série 4		Série 5	
	Répétition	charges	Répétition	charges	Répétition	charges	Répétition	charges	Répétition	charges
		KG		KG		KG		KG		KG
		KG		KG		KG		KG		KG
		KG		KG		KG		KG		KG
		KG		KG		KG		KG		KG
		KG		KG		KG		KG		KG
		KG		KG		KG		KG		KG

Mois 3

Bilan de Démarrage

Date :

3éme mois

Objectifs de 4 semaines

Mes Mesures:

Mes Mesures : Je remplis ici les mesures que je souhaite suivre

Poids / Masses	Aujourd'hui	Objectif Final

——— Motivation & Objectifs ———

Jour 1	**Jour 8**	**Jour 15**	**Jour 22**
Jour 2	**Jour 9**	**Jour 16**	**Jour 23**
Jour 3	**Jour 10**	**Jour 17**	**Jour 24**
Jour 4	**Jour 11**	**Jour 18**	**Jour 25**
Jour 5	**Jour 12**	**Jour 19**	**Jour 26**
Jour 6	**Jour 13**	**Jour 20**	**Jour 27**
Jour 7	**Jour 14**	**Jour 21**	**Jour 28**

Cardio

Date de la séance

Début d'entraînement : **Fin d'entraînement :**

Exercice	Temps	Distance	Calories Brûlées

Musculation

Exercices	Série 1		Série 2		Série 3		Série 4		Série 5	
	Répétition	charges	Répétition	charges	Répétition	charges	Répétition	charges	Répétition	charges
		KG		KG		KG		KG		KG
		KG		KG		KG		KG		KG
		KG		KG		KG		KG		KG
		KG		KG		KG		KG		KG
		KG		KG		KG		KG		KG
		KG		KG		KG		KG		KG

Date de la séance

Début d'entraînement :   **Fin d'entraînement :**

Exercice	Temps	Distance	Calories Brûlées

Musculation

Exercices	Série 1		Série 2		Série 3		Série 4		Série 5	
	Répétition	charges	Répétition	charges	Répétition	charges	Répétition	charges	Répétition	charges
		KG		KG		KG		KG		KG
		KG		KG		KG		KG		KG
		KG		KG		KG		KG		KG
		KG		KG		KG		KG		KG
		KG		KG		KG		KG		KG
		KG		KG		KG		KG		KG

Semaine : 1	Cardio		Séance : 3

Date de la séance

Début d'entraînement :   **Fin d'entraînement :**

Exercice	Temps	Distance	Calories Brûlées

Musculation

Exercices	Série 1		Série 2		Série 3		Série 4		Série 5	
	Répétition	charges	Répétition	charges	Répétition	charges	Répétition	charges	Répétition	charges
		KG		KG		KG		KG		KG
		KG		KG		KG		KG		KG
		KG		KG		KG		KG		KG
		KG		KG		KG		KG		KG
		KG		KG		KG		KG		KG
		KG		KG		KG		KG		KG

Semaine : 2	Cardio	Séance : 1

Date de la séance

Début d'entraînement :   **Fin d'entraînement :**

Exercice	Temps	Distance	Calories Brûlées

Musculation

Exercices	Série 1		Série 2		Série 3		Série 4		Série 5	
	Répétition	charges	Répétition	charges	Répétition	charges	Répétition	charges	Répétition	charges
		KG		KG		KG		KG		KG
		KG		KG		KG		KG		KG
		KG		KG		KG		KG		KG
		KG		KG		KG		KG		KG
		KG		KG		KG		KG		KG
		KG		KG		KG		KG		KG

<table>
<tr><td>Semaine : 2</td><td colspan="2" align="center">Cardio</td><td>Séance : 2</td></tr>
<tr><td>Date de la séance</td><td colspan="3"></td></tr>
<tr><td colspan="2">Début d'entraînement :</td><td colspan="2">Fin d'entraînement :</td></tr>
</table>

Exercice	Temps	Distance	Calories Brûlées

Musculation

Exercices	Série 1		Série 2		Série 3		Série 4		Série 5	
	Répétition	charges	Répétition	charges	Répétition	charges	Répétition	charges	Répétition	charges
		KG		KG		KG		KG		KG
		KG		KG		KG		KG		KG
		KG		KG		KG		KG		KG
		KG		KG		KG		KG		KG
		KG		KG		KG		KG		KG
		KG		KG		KG		KG		KG

Semaine : 2	Cardio	Séance : 3

Date de la séance	

Début d'entraînement :	Fin d'entraînement :

Exercice	Temps	Distance	Calories Brûlées

Musculation

Exercices	Série 1		Série 2		Série 3		Série 4		Série 5	
	Répétition	charges	Répétition	charges	Répétition	charges	Répétition	charges	Répétition	charges
		KG		KG		KG		KG		KG
		KG		KG		KG		KG		KG
		KG		KG		KG		KG		KG
		KG		KG		KG		KG		KG
		KG		KG		KG		KG		KG
		KG		KG		KG		KG		KG

<table>
<tr><td>Semaine : 3</td><td>Cardio</td><td>Séance : 1</td></tr>
</table>

Date de la séance

Début d'entraînement :   **Fin d'entraînement :**

Exercice	Temps	Distance	Calories Brûlées

Musculation

Exercices	Série 1		Série 2		Série 3		Série 4		Série 5	
	Répétition	charges	Répétition	charges	Répétition	charges	Répétition	charges	Répétition	charges
		KG		KG		KG		KG		KG
		KG		KG		KG		KG		KG
		KG		KG		KG		KG		KG
		KG		KG		KG		KG		KG
		KG		KG		KG		KG		KG
		KG		KG		KG		KG		KG

Semaine : 3	Cardio	Séance : 2

Date de la séance	

Début d'entraînement :	Fin d'entraînement :

Exercice	Temps	Distance	Calories Brûlées

Musculation

Exercices	Série 1		Série 2		Série 3		Série 4		Série 5	
	Répétition	charges	Répétition	charges	Répétition	charges	Répétition	charges	Répétition	charges
		KG		KG		KG		KG		KG
		KG		KG		KG		KG		KG
		KG		KG		KG		KG		KG
		KG		KG		KG		KG		KG
		KG		KG		KG		KG		KG
		KG		KG		KG		KG		KG

Date de la séance	

Début d'entraînement :   **Fin d'entraînement :**

Exercice	Temps	Distance	Calories Brûlées

Musculation

Exercices	Série 1		Série 2		Série 3		Série 4		Série 5	
	Répétition	charges	Répétition	charges	Répétition	charges	Répétition	charges	Répétition	charges
		KG		KG		KG		KG		KG
		KG		KG		KG		KG		KG
		KG		KG		KG		KG		KG
		KG		KG		KG		KG		KG
		KG		KG		KG		KG		KG
		KG		KG		KG		KG		KG

<table>
<tr><td>Semaine : 4</td><td>Cardio</td><td>Séance : 1</td></tr>
</table>

Date de la séance

Début d'entraînement :   **Fin d'entraînement :**

Exercice	Temps	Distance	Calories Brûlées

Musculation

Exercices	Série 1		Série 2		Série 3		Série 4		Série 5	
	Répétition	charges	Répétition	charges	Répétition	charges	Répétition	charges	Répétition	charges
		KG		KG		KG		KG		KG
		KG		KG		KG		KG		KG
		KG		KG		KG		KG		KG
		KG		KG		KG		KG		KG
		KG		KG		KG		KG		KG
		KG		KG		KG		KG		KG

Cardio

Date de la séance			
Début d'entraînement :		Fin d'entraînement :	
Exercice	Temps	Distance	Calories Brûlées

Musculation

Exercices	Série 1		Série 2		Série 3		Série 4		Série 5	
	Répétition	charges	Répétition	charges	Répétition	charges	Répétition	charges	Répétition	charges
		KG		KG		KG		KG		KG
		KG		KG		KG		KG		KG
		KG		KG		KG		KG		KG
		KG		KG		KG		KG		KG
		KG		KG		KG		KG		KG
		KG		KG		KG		KG		KG

<table>
<tr><td>Semaine : 4</td><td colspan="2" align="center">Cardio</td><td>Séance : 3</td></tr>
</table>

Date de la séance	

Début d'entraînement : **Fin d'entraînement :**

Exercice	Temps	Distance	Calories Brûlées

Musculation

Exercices	Série 1		Série 2		Série 3		Série 4		Série 5	
	Répétition	charges	Répétition	charges	Répétition	charges	Répétition	charges	Répétition	charges
		KG		KG		KG		KG		KG
		KG		KG		KG		KG		KG
		KG		KG		KG		KG		KG
		KG		KG		KG		KG		KG
		KG		KG		KG		KG		KG
		KG		KG		KG		KG		KG

Mois 4

Bilan de Démarrage

Date :

4éme mois

Objectifs de 4 semaines

Mes Mesures:

Mes Mesures : Je remplis ici les mesures que je souhaite suivre

Poids / Masses	Aujourd'hui	Objectif Final

Motivation & Objectifs

....

....

....

....

....

....

....

....

....

....

....

....

....

Mois 4 : Planning de 4 semaines

Jour 1	**Jour 8**	**Jour 15**	**Jour 22**
Jour 2	**Jour 9**	**Jour 16**	**Jour 23**
Jour 3	**Jour 10**	**Jour 17**	**Jour 24**
Jour 4	**Jour 11**	**Jour 18**	**Jour 25**
Jour 5	**Jour 12**	**Jour 19**	**Jour 26**
Jour 6	**Jour 13**	**Jour 20**	**Jour 27**
Jour 7	**Jour 14**	**Jour 21**	**Jour 28**

Notes

Semaine : 1	Cardio	Séance : 1

Date de la séance	

Début d'entraînement :	Fin d'entraînement :

Exercice	Temps	Distance	Calories Brûlées

Musculation

Exercices	Série 1		Série 2		Série 3		Série 4		Série 5	
	Répétition	charges	Répétition	charges	Répétition	charges	Répétition	charges	Répétition	charges
		KG		KG		KG		KG		KG
		KG		KG		KG		KG		KG
		KG		KG		KG		KG		KG
		KG		KG		KG		KG		KG
		KG		KG		KG		KG		KG
		KG		KG		KG		KG		KG

<table>
<tr><td>Semaine : 1</td><td>Cardio</td><td>Séance : 2</td></tr>
</table>

Date de la séance

Début d'entraînement : **Fin d'entraînement :**

Exercice	Temps	Distance	Calories Brûlées

Musculation

Exercices	Série 1		Série 2		Série 3		Série 4		Série 5	
	Répétition	charges	Répétition	charges	Répétition	charges	Répétition	charges	Répétition	charges
		KG		KG		KG		KG		KG
		KG		KG		KG		KG		KG
		KG		KG		KG		KG		KG
		KG		KG		KG		KG		KG
		KG		KG		KG		KG		KG
		KG		KG		KG		KG		KG

<table>
<tr><td>Semaine : 1</td><td colspan="2" align="center">Cardio</td><td>Séance : 3</td></tr>
</table>

Date de la séance	

Début d'entraînement : **Fin d'entraînement :**

Exercice	Temps	Distance	Calories Brûlées

Musculation

Exercices	Série 1		Série 2		Série 3		Série 4		Série 5	
	Répétition	charges	Répétition	charges	Répétition	charges	Répétition	charges	Répétition	charges
		KG		KG		KG		KG		KG
		KG		KG		KG		KG		KG
		KG		KG		KG		KG		KG
		KG		KG		KG		KG		KG
		KG		KG		KG		KG		KG
		KG		KG		KG		KG		KG

<table>
<tr><td>Semaine : 2</td><td colspan="3">Cardio</td><td>Séance : 1</td></tr>
</table>

Date de la séance	

Début d'entraînement :   **Fin d'entraînement :**

Exercice	Temps	Distance	Calories Brûlées

Musculation

Exercices	Série 1		Série 2		Série 3		Série 4		Série 5	
	Répétition	charges	Répétition	charges	Répétition	charges	Répétition	charges	Répétition	charges
		KG		KG		KG		KG		KG
		KG		KG		KG		KG		KG
		KG		KG		KG		KG		KG
		KG		KG		KG		KG		KG
		KG		KG		KG		KG		KG
		KG		KG		KG		KG		KG

Semaine : 2	Cardio	Séance : 2

Date de la séance	

Début d'entraînement :	Fin d'entraînement :

Exercice	Temps	Distance	Calories Brûlées

Musculation

Exercices	Série 1		Série 2		Série 3		Série 4		Série 5	
	Répétition	charges	Répétition	charges	Répétition	charges	Répétition	charges	Répétition	charges
		KG		KG		KG		KG		KG
		KG		KG		KG		KG		KG
		KG		KG		KG		KG		KG
		KG		KG		KG		KG		KG
		KG		KG		KG		KG		KG
		KG		KG		KG		KG		KG

<table>
<tr><td>Semaine : 2</td><td colspan="3">Cardio</td><td>Séance : 3</td></tr>
</table>

Date de la séance

Début d'entraînement :   **Fin d'entraînement :**

Exercice	Temps	Distance	Calories Brûlées

Musculation

Exercices	Série 1		Série 2		Série 3		Série 4		Série 5	
	Répétition	charges	Répétition	charges	Répétition	charges	Répétition	charges	Répétition	charges
		KG		KG		KG		KG		KG
		KG		KG		KG		KG		KG
		KG		KG		KG		KG		KG
		KG		KG		KG		KG		KG
		KG		KG		KG		KG		KG
		KG		KG		KG		KG		KG

Date de la séance	

Début d'entraînement :	Fin d'entraînement :

Exercice	Temps	Distance	Calories Brûlées

Musculation

Exercices	Série 1		Série 2		Série 3		Série 4		Série 5	
	Répétition	charges	Répétition	charges	Répétition	charges	Répétition	charges	Répétition	charges
		KG		KG		KG		KG		KG
		KG		KG		KG		KG		KG
		KG		KG		KG		KG		KG
		KG		KG		KG		KG		KG
		KG		KG		KG		KG		KG
		KG		KG		KG		KG		KG

<table>
<tr><td>Semaine : 3</td><td>Cardio</td><td>Séance : 2</td></tr>
</table>

Date de la séance

Début d'entraînement :   **Fin d'entraînement :**

Exercice	Temps	Distance	Calories Brûlées

Musculation

Exercices	Série 1		Série 2		Série 3		Série 4		Série 5	
	Répétition	charges	Répétition	charges	Répétition	charges	Répétition	charges	Répétition	charges
		KG		KG		KG		KG		KG
		KG		KG		KG		KG		KG
		KG		KG		KG		KG		KG
		KG		KG		KG		KG		KG
		KG		KG		KG		KG		KG
		KG		KG		KG		KG		KG

<table>
<tr><td>Semaine : 3</td><td colspan="2">Cardio</td><td>Séance : 3</td></tr>
<tr><td>Date de la séance</td><td colspan="3"></td></tr>
<tr><td colspan="2">Début d'entraînement :</td><td colspan="2">Fin d'entraînement :</td></tr>
<tr><td>Exercice</td><td>Temps</td><td>Distance</td><td>Calories Brûlées</td></tr>
<tr><td></td><td></td><td></td><td></td></tr>
<tr><td></td><td></td><td></td><td></td></tr>
</table>

Musculation

Exercices	Série 1 Répétition / charges	Série 2 Répétition / charges	Série 3 Répétition / charges	Série 4 Répétition / charges	Série 5 Répétition / charges
	KG	KG	KG	KG	KG
	KG	KG	KG	KG	KG
	KG	KG	KG	KG	KG
	KG	KG	KG	KG	KG
	KG	KG	KG	KG	KG
	KG	KG	KG	KG	KG

<table>
<tr><td>Semaine : 4</td><td colspan="2">Cardio</td><td>Séance : 1</td></tr>
</table>

Date de la séance

Début d'entraînement :   **Fin d'entraînement :**

Exercice	Temps	Distance	Calories Brûlées

Musculation

Exercices	Série 1		Série 2		Série 3		Série 4		Série 5	
	Répétition	charges	Répétition	charges	Répétition	charges	Répétition	charges	Répétition	charges
		KG		KG		KG		KG		KG
		KG		KG		KG		KG		KG
		KG		KG		KG		KG		KG
		KG		KG		KG		KG		KG
		KG		KG		KG		KG		KG
		KG		KG		KG		KG		KG

Cardio

Date de la séance	

Début d'entraînement :		Fin d'entraînement :	
Exercice	**Temps**	**Distance**	**Calories Brûlées**

Musculation

Exercices	Série 1		Série 2		Série 3		Série 4		Série 5	
	Répétition	*charges*	*Répétition*	*charges*	*Répétition*	*charges*	*Répétition*	*charges*	*Répétition*	*charges*
		KG		KG		KG		KG		KG
		KG		KG		KG		KG		KG
		KG		KG		KG		KG		KG
		KG		KG		KG		KG		KG
		KG		KG		KG		KG		KG
		KG		KG		KG		KG		KG

Semaine : 4	Cardio	Séance : 3

Date de la séance

Début d'entraînement :   **Fin d'entraînement :**

Exercice	Temps	Distance	Calories Brûlées

Musculation

Exercices	Série 1		Série 2		Série 3		Série 4		Série 5	
	Répétition	charges	Répétition	charges	Répétition	charges	Répétition	charges	Répétition	charges
		KG		KG		KG		KG		KG
		KG		KG		KG		KG		KG
		KG		KG		KG		KG		KG
		KG		KG		KG		KG		KG
		KG		KG		KG		KG		KG
		KG		KG		KG		KG		KG

Mois 5

Bilan de Démarrage

Date :

5éme mois

Objectifs de 4 semaines

Mes Mesures:

Mes Mesures : Je remplis ici les mesures que je souhaite suivre

Poids / Masses	Aujourd'hui	Objectif Final

Motivation & Objectifs

Mois 5 : Planning de 4 semaines

<u>Jour 1</u>	**<u>Jour 8</u>**	**<u>Jour 15</u>**	**<u>Jour 22</u>**
<u>Jour 2</u>	**<u>Jour 9</u>**	**<u>Jour 16</u>**	**<u>Jour 23</u>**
<u>Jour 3</u>	**<u>Jour 10</u>**	**<u>Jour 17</u>**	**<u>Jour 24</u>**
<u>Jour 4</u>	**<u>Jour 11</u>**	**<u>Jour 18</u>**	**<u>Jour 25</u>**
<u>Jour 5</u>	**<u>Jour 12</u>**	**<u>Jour 19</u>**	**<u>Jour 26</u>**
<u>Jour 6</u>	**<u>Jour 13</u>**	**<u>Jour 20</u>**	**<u>Jour 27</u>**
<u>Jour 7</u>	**<u>Jour 14</u>**	**<u>Jour 21</u>**	**<u>Jour 28</u>**

Notes

<table>
<tr><td>**Semaine : 1**</td><td colspan="3">**Cardio**</td><td>**Séance : 1**</td></tr>
</table>

Date de la séance	

Début d'entraînement : **Fin d'entraînement :**

Exercice	Temps	Distance	Calories Brûlées

Musculation

Exercices	Série 1		Série 2		Série 3		Série 4		Série 5	
	Répétition	charges	Répétition	charges	Répétition	charges	Répétition	charges	Répétition	charges
		KG		KG		KG		KG		KG
		KG		KG		KG		KG		KG
		KG		KG		KG		KG		KG
		KG		KG		KG		KG		KG
		KG		KG		KG		KG		KG
		KG		KG		KG		KG		KG

Semaine : 1	Cardio	Séance : 2

Date de la séance

Début d'entraînement : **Fin d'entraînement :**

Exercice	Temps	Distance	Calories Brûlées

Musculation

Exercices	Série 1		Série 2		Série 3		Série 4		Série 5	
	Répétition	charges	Répétition	charges	Répétition	charges	Répétition	charges	Répétition	charges
		KG		KG		KG		KG		KG
		KG		KG		KG		KG		KG
		KG		KG		KG		KG		KG
		KG		KG		KG		KG		KG
		KG		KG		KG		KG		KG
		KG		KG		KG		KG		KG

<table>
<tr><td>Semaine : 1</td><td colspan="2">Cardio</td><td>Séance : 3</td></tr>
<tr><td colspan="4">Date de la séance</td></tr>
<tr><td colspan="2">Début d'entraînement :</td><td colspan="2">Fin d'entraînement :</td></tr>
</table>

Exercice	Temps	Distance	Calories Brûlées

Musculation

Exercices	Série 1		Série 2		Série 3		Série 4		Série 5	
	Répétition	charges	Répétition	charges	Répétition	charges	Répétition	charges	Répétition	charges
		KG		KG		KG		KG		KG
		KG		KG		KG		KG		KG
		KG		KG		KG		KG		KG
		KG		KG		KG		KG		KG
		KG		KG		KG		KG		KG
		KG		KG		KG		KG		KG

Semaine : 2	Cardio	Séance : 1

Date de la séance

Début d'entraînement :   **Fin d'entraînement :**

Exercice	Temps	Distance	Calories Brûlées

Musculation

Exercices	Série 1 Répétition / charges	Série 2 Répétition / charges	Série 3 Répétition / charges	Série 4 Répétition / charges	Série 5 Répétition / charges
	KG	KG	KG	KG	KG
	KG	KG	KG	KG	KG
	KG	KG	KG	KG	KG
	KG	KG	KG	KG	KG
	KG	KG	KG	KG	KG
	KG	KG	KG	KG	KG

<table>
<tr><td>Semaine : 2</td><td colspan="4">Cardio</td><td>Séance : 2</td></tr>
</table>

Date de la séance	

Début d'entraînement : **Fin d'entraînement :**

Exercice	Temps	Distance	Calories Brûlées

Musculation

Exercices	Série 1		Série 2		Série 3		Série 4		Série 5	
	Répétition	charges	Répétition	charges	Répétition	charges	Répétition	charges	Répétition	charges
		KG		KG		KG		KG		KG
		KG		KG		KG		KG		KG
		KG		KG		KG		KG		KG
		KG		KG		KG		KG		KG
		KG		KG		KG		KG		KG
		KG		KG		KG		KG		KG

<table>
<tr><td>Semaine : 2</td><td>Cardio</td><td>Séance : 3</td></tr>
</table>

Date de la séance

Début d'entraînement :   **Fin d'entraînement :**

Exercice	Temps	Distance	Calories Brûlées

Musculation

Exercices	Série 1		Série 2		Série 3		Série 4		Série 5	
	Répétition	charges	Répétition	charges	Répétition	charges	Répétition	charges	Répétition	charges
		KG		KG		KG		KG		KG
		KG		KG		KG		KG		KG
		KG		KG		KG		KG		KG
		KG		KG		KG		KG		KG
		KG		KG		KG		KG		KG
		KG		KG		KG		KG		KG

<table>
<tr><td>Semaine : 3</td><td colspan="2" align="center">Cardio</td><td>Séance : 1</td></tr>
</table>

Date de la séance			
Début d'entraînement :		**Fin d'entraînement :**	
Exercice	**Temps**	**Distance**	**Calories Brûlées**

Musculation

Exercices	Série 1		Série 2		Série 3		Série 4		Série 5	
	Répétition	charges	Répétition	charges	Répétition	charges	Répétition	charges	Répétition	charges
		KG		KG		KG		KG		KG
		KG		KG		KG		KG		KG
		KG		KG		KG		KG		KG
		KG		KG		KG		KG		KG
		KG		KG		KG		KG		KG
		KG		KG		KG		KG		KG

Semaine : 3	Cardio	Séance : 2

Date de la séance	

Début d'entraînement :	Fin d'entraînement :

Exercice	Temps	Distance	Calories Brûlées

Musculation

Exercices	Série 1		Série 2		Série 3		Série 4		Série 5	
	Répétition	charges	Répétition	charges	Répétition	charges	Répétition	charges	Répétition	charges
		KG		KG		KG		KG		KG
		KG		KG		KG		KG		KG
		KG		KG		KG		KG		KG
		KG		KG		KG		KG		KG
		KG		KG		KG		KG		KG
		KG		KG		KG		KG		KG

Date de la séance

Début d'entraînement :   **Fin d'entraînement :**

Exercice	Temps	Distance	Calories Brûlées

Musculation

Exercices	Série 1		Série 2		Série 3		Série 4		Série 5	
	Répétition	charges	Répétition	charges	Répétition	charges	Répétition	charges	Répétition	charges
		KG		KG		KG		KG		KG
		KG		KG		KG		KG		KG
		KG		KG		KG		KG		KG
		KG		KG		KG		KG		KG
		KG		KG		KG		KG		KG
		KG		KG		KG		KG		KG

Semaine : 4	**Cardio**	**Séance : 1**

Date de la séance	

Début d'entraînement :	Fin d'entraînement :

Exercice	Temps	Distance	Calories Brûlées

Musculation

Exercices	Série 1		Série 2		Série 3		Série 4		Série 5	
	Répétition	charges	Répétition	charges	Répétition	charges	Répétition	charges	Répétition	charges
		KG		KG		KG		KG		KG
		KG		KG		KG		KG		KG
		KG		KG		KG		KG		KG
		KG		KG		KG		KG		KG
		KG		KG		KG		KG		KG
		KG		KG		KG		KG		KG

Date de la séance

Début d'entraînement :   **Fin d'entraînement :**

Exercice	Temps	Distance	Calories Brûlées

Musculation

Exercices	Série 1		Série 2		Série 3		Série 4		Série 5	
	Répétition	charges	Répétition	charges	Répétition	charges	Répétition	charges	Répétition	charges
		KG		KG		KG		KG		KG
		KG		KG		KG		KG		KG
		KG		KG		KG		KG		KG
		KG		KG		KG		KG		KG
		KG		KG		KG		KG		KG
		KG		KG		KG		KG		KG

Semaine : 4	Cardio	Séance : 3

Date de la séance	

Début d'entraînement :	Fin d'entraînement :

Exercice	Temps	Distance	Calories Brûlées

Musculation

Exercices	Série 1		Série 2		Série 3		Série 4		Série 5	
	Répétition	charges	Répétition	charges	Répétition	charges	Répétition	charges	Répétition	charges
		KG		KG		KG		KG		KG
		KG		KG		KG		KG		KG
		KG		KG		KG		KG		KG
		KG		KG		KG		KG		KG
		KG		KG		KG		KG		KG
		KG		KG		KG		KG		KG

Mois 6

Bilan de Démarrage

Date :

6éme mois

Objectifs de 4 semaines

Mes Mesures:

Mes Mesures : Je remplis ici les mesures que je souhaite suivre

Poids / Masses	Aujourd'hui	Objectif Final

—— Motivation & Objectifs ——

Jour 1	**Jour 8**	**Jour 15**	**Jour 22**
Jour 2	**Jour 9**	**Jour 16**	**Jour 23**
Jour 3	**Jour 10**	**Jour 17**	**Jour 24**
Jour 4	**Jour 11**	**Jour 18**	**Jour 25**
Jour 5	**Jour 12**	**Jour 19**	**Jour 26**
Jour 6	**Jour 13**	**Jour 20**	**Jour 27**
Jour 7	**Jour 14**	**Jour 21**	**Jour 28**

Notes

<table>
<tr><td>Semaine : 1</td><td colspan="2">Cardio</td><td>Séance : 1</td></tr>
<tr><td colspan="4">Date de la séance</td></tr>
<tr><td colspan="2">Début d'entraînement :</td><td colspan="2">Fin d'entraînement :</td></tr>
</table>

Exercice	Temps	Distance	Calories Brûlées

Musculation

Exercices	Série 1		Série 2		Série 3		Série 4		Série 5	
	Répétition	charges	Répétition	charges	Répétition	charges	Répétition	charges	Répétition	charges
		KG		KG		KG		KG		KG
		KG		KG		KG		KG		KG
		KG		KG		KG		KG		KG
		KG		KG		KG		KG		KG
		KG		KG		KG		KG		KG
		KG		KG		KG		KG		KG

| Semaine : 1 | | Cardio | | Séance : 2 |

Date de la séance

Début d'entraînement :   **Fin d'entraînement :**

Exercice	Temps	Distance	Calories Brûlées

Musculation

Exercices	Série 1		Série 2		Série 3		Série 4		Série 5	
	Répétition	charges	Répétition	charges	Répétition	charges	Répétition	charges	Répétition	charges
		KG		KG		KG		KG		KG
		KG		KG		KG		KG		KG
		KG		KG		KG		KG		KG
		KG		KG		KG		KG		KG
		KG		KG		KG		KG		KG
		KG		KG		KG		KG		KG

<table>
<tr><td>Semaine : 1</td><td colspan="2" align="center">Cardio</td><td>Séance : 3</td></tr>
</table>

Date de la séance	

Début d'entraînement :   **Fin d'entraînement :**

Exercice	Temps	Distance	Calories Brûlées

Musculation

Exercices	Série 1		Série 2		Série 3		Série 4		Série 5	
	Répétition	charges	Répétition	charges	Répétition	charges	Répétition	charges	Répétition	charges
		KG		KG		KG		KG		KG
		KG		KG		KG		KG		KG
		KG		KG		KG		KG		KG
		KG		KG		KG		KG		KG
		KG		KG		KG		KG		KG
		KG		KG		KG		KG		KG

<table>
<tr><td>**Semaine : 2**</td><td>**Cardio**</td><td>**Séance : 1**</td></tr>
</table>

Date de la séance

Début d'entraînement :   **Fin d'entraînement :**

Exercice	Temps	Distance	Calories Brûlées

Musculation

Exercices	Série 1		Série 2		Série 3		Série 4		Série 5	
	Répétition	charges	Répétition	charges	Répétition	charges	Répétition	charges	Répétition	charges
		KG		KG		KG		KG		KG
		KG		KG		KG		KG		KG
		KG		KG		KG		KG		KG
		KG		KG		KG		KG		KG
		KG		KG		KG		KG		KG
		KG		KG		KG		KG		KG

Cardio

Date de la séance

Début d'entraînement :   Fin d'entraînement :

Exercice	Temps	Distance	Calories Brûlées

Musculation

Exercices	Série 1		Série 2		Série 3		Série 4		Série 5	
	Répétition	charges	Répétition	charges	Répétition	charges	Répétition	charges	Répétition	charges
		KG		KG		KG		KG		KG
		KG		KG		KG		KG		KG
		KG		KG		KG		KG		KG
		KG		KG		KG		KG		KG
		KG		KG		KG		KG		KG
		KG		KG		KG		KG		KG

Semaine : 2	Cardio	Séance : 3

Date de la séance	

Début d'entraînement :	Fin d'entraînement :

Exercice	Temps	Distance	Calories Brûlées

Musculation

Exercices	Série 1		Série 2		Série 3		Série 4		Série 5	
	Répétition	charges	Répétition	charges	Répétition	charges	Répétition	charges	Répétition	charges
		KG		KG		KG		KG		KG
		KG		KG		KG		KG		KG
		KG		KG		KG		KG		KG
		KG		KG		KG		KG		KG
		KG		KG		KG		KG		KG
		KG		KG		KG		KG		KG

Semaine : 3	Cardio	Séance : 1

Date de la séance	

Début d'entraînement :	Fin d'entraînement :

Exercice	Temps	Distance	Calories Brûlées

Musculation

Exercices	Série 1		Série 2		Série 3		Série 4		Série 5	
	Répétition	charges	Répétition	charges	Répétition	charges	Répétition	charges	Répétition	charges
		KG		KG		KG		KG		KG
		KG		KG		KG		KG		KG
		KG		KG		KG		KG		KG
		KG		KG		KG		KG		KG
		KG		KG		KG		KG		KG
		KG		KG		KG		KG		KG

<table>
<tr><td>Semaine : 3</td><td colspan="2">Cardio</td><td>Séance : 2</td></tr>
</table>

Date de la séance	

Début d'entraînement :	Fin d'entraînement :

Exercice	Temps	Distance	Calories Brûlées

Musculation

Exercices	Série 1		Série 2		Série 3		Série 4		Série 5	
	Répétition	charges	Répétition	charges	Répétition	charges	Répétition	charges	Répétition	charges
		KG		KG		KG		KG		KG
		KG		KG		KG		KG		KG
		KG		KG		KG		KG		KG
		KG		KG		KG		KG		KG
		KG		KG		KG		KG		KG
		KG		KG		KG		KG		KG

<table>
<tr><td>**Semaine : 3**</td><td colspan="2" align="center">**Cardio**</td><td>**Séance : 3**</td></tr>
</table>

Date de la séance	

Début d'entraînement :   **Fin d'entraînement :**

Exercice	Temps	Distance	Calories Brûlées

Musculation

Exercices	Série 1		Série 2		Série 3		Série 4		Série 5	
	Répétition	charges	Répétition	charges	Répétition	charges	Répétition	charges	Répétition	charges
		KG		KG		KG		KG		KG
		KG		KG		KG		KG		KG
		KG		KG		KG		KG		KG
		KG		KG		KG		KG		KG
		KG		KG		KG		KG		KG
		KG		KG		KG		KG		KG

Semaine : 4	**Cardio**	**Séance : 1**

Date de la séance

Début d'entraînement :   Fin d'entraînement :

Exercice	Temps	Distance	Calories Brûlées

Musculation

Exercices	Série 1		Série 2		Série 3		Série 4		Série 5	
	Répétition	charges	Répétition	charges	Répétition	charges	Répétition	charges	Répétition	charges
		KG		KG		KG		KG		KG
		KG		KG		KG		KG		KG
		KG		KG		KG		KG		KG
		KG		KG		KG		KG		KG
		KG		KG		KG		KG		KG

Cardio

| Semaine : 4 | | | Séance : 2 |

Date de la séance

Début d'entraînement :   **Fin d'entraînement :**

Exercice	Temps	Distance	Calories Brûlées

Musculation

Exercices	Série 1		Série 2		Série 3		Série 4		Série 5	
	Répétition	charges	Répétition	charges	Répétition	charges	Répétition	charges	Répétition	charges
		KG		KG		KG		KG		KG
		KG		KG		KG		KG		KG
		KG		KG		KG		KG		KG
		KG		KG		KG		KG		KG
		KG		KG		KG		KG		KG
		KG		KG		KG		KG		KG

<table>
<tr><td>Semaine : 4</td><td>Cardio</td><td>Séance : 3</td></tr>
</table>

Date de la séance

Début d'entraînement :   **Fin d'entraînement :**

Exercice	Temps	Distance	Calories Brûlées

Musculation

Exercices	Série 1		Série 2		Série 3		Série 4		Série 5	
	Répétition	charges	Répétition	charges	Répétition	charges	Répétition	charges	Répétition	charges
		KG		KG		KG		KG		KG
		KG		KG		KG		KG		KG
		KG		KG		KG		KG		KG
		KG		KG		KG		KG		KG
		KG		KG		KG		KG		KG
		KG		KG		KG		KG		KG

Mois 7

Bilan de Démarrage

Date :

7éme mois

Objectifs de 4 semaines

Mes Mesures:

Mes Mesures : Je remplis ici les mesures que je souhaite suivre

Poids / Masses	Aujourd'hui	Objectif Final

———— Motivation & Objectifs ————

Jour 1	**Jour 8**	**Jour 15**	**Jour 22**
Jour 2	**Jour 9**	**Jour 16**	**Jour 23**
Jour 3	**Jour 10**	**Jour 17**	**Jour 24**
Jour 4	**Jour 11**	**Jour 18**	**Jour 25**
Jour 5	**Jour 12**	**Jour 19**	**Jour 26**
Jour 6	**Jour 13**	**Jour 20**	**Jour 27**
Jour 7	**Jour 14**	**Jour 21**	**Jour 28**

Notes

Semaine : 1	Cardio	Séance : 1

Date de la séance			
Début d'entraînement :		Fin d'entraînement :	
Exercice	Temps	Distance	Calories Brûlées

Musculation

Exercices	Série 1		Série 2		Série 3		Série 4		Série 5	
	Répétition	charges	Répétition	charges	Répétition	charges	Répétition	charges	Répétition	charges
		KG		KG		KG		KG		KG
		KG		KG		KG		KG		KG
		KG		KG		KG		KG		KG
		KG		KG		KG		KG		KG
		KG		KG		KG		KG		KG
		KG		KG		KG		KG		KG

<table>
<tr><td>Semaine : 1</td><td colspan="3" align="center">Cardio</td><td>Séance : 2</td></tr>
<tr><td colspan="5">Date de la séance</td></tr>
<tr><td colspan="2">Début d'entraînement :</td><td colspan="3">Fin d'entraînement :</td></tr>
</table>

Exercice	Temps	Distance	Calories Brûlées

Musculation

Exercices	Série 1		Série 2		Série 3		Série 4		Série 5	
	Répétition	charges	Répétition	charges	Répétition	charges	Répétition	charges	Répétition	charges
		KG		KG		KG		KG		KG
		KG		KG		KG		KG		KG
		KG		KG		KG		KG		KG
		KG		KG		KG		KG		KG
		KG		KG		KG		KG		KG
		KG		KG		KG		KG		KG

<table>
<tr><td>Semaine : 1</td><td colspan="2" align="center">Cardio</td><td>Séance : 3</td></tr>
<tr><td>Date de la séance</td><td colspan="3"></td></tr>
<tr><td colspan="2">Début d'entraînement :</td><td colspan="2">Fin d'entraînement :</td></tr>
</table>

Exercice	Temps	Distance	Calories Brûlées

Musculation

Exercices	Série 1		Série 2		Série 3		Série 4		Série 5	
	Répétition	charges	Répétition	charges	Répétition	charges	Répétition	charges	Répétition	charges
		KG		KG		KG		KG		KG
		KG		KG		KG		KG		KG
		KG		KG		KG		KG		KG
		KG		KG		KG		KG		KG
		KG		KG		KG		KG		KG
		KG		KG		KG		KG		KG

<table>
<tr><td>Semaine : 2</td><td colspan="2">Cardio</td><td>Séance : 1</td></tr>
</table>

Date de la séance	

Début d'entraînement : **Fin d'entraînement :**

Exercice	Temps	Distance	Calories Brûlées

Musculation

Exercices	Série 1		Série 2		Série 3		Série 4		Série 5	
	Répétition	charges	Répétition	charges	Répétition	charges	Répétition	charges	Répétition	charges
		KG		KG		KG		KG		KG
		KG		KG		KG		KG		KG
		KG		KG		KG		KG		KG
		KG		KG		KG		KG		KG
		KG		KG		KG		KG		KG
		KG		KG		KG		KG		KG

Date de la séance	

Début d'entraînement :   **Fin d'entraînement :**

Exercice	Temps	Distance	Calories Brûlées

Musculation

Exercices	Série 1		Série 2		Série 3		Série 4		Série 5	
	Répétition	charges	Répétition	charges	Répétition	charges	Répétition	charges	Répétition	charges
		KG		KG		KG		KG		KG
		KG		KG		KG		KG		KG
		KG		KG		KG		KG		KG
		KG		KG		KG		KG		KG
		KG		KG		KG		KG		KG
		KG		KG		KG		KG		KG

<table>
<tr><td>Semaine : 2</td><td colspan="3">Cardio</td><td>Séance : 3</td></tr>
<tr><td colspan="5">Date de la séance</td></tr>
<tr><td colspan="2">Début d'entraînement :</td><td colspan="3">Fin d'entraînement :</td></tr>
</table>

Exercice	Temps	Distance	Calories Brûlées

Musculation

Exercices	Série 1		Série 2		Série 3		Série 4		Série 5	
	Répétition	charges	Répétition	charges	Répétition	charges	Répétition	charges	Répétition	charges
		KG		KG		KG		KG		KG
		KG		KG		KG		KG		KG
		KG		KG		KG		KG		KG
		KG		KG		KG		KG		KG
		KG		KG		KG		KG		KG
		KG		KG		KG		KG		KG

<table>
<tr><td>**Semaine : 3**</td><td colspan="2">**Cardio**</td><td>**Séance : 1**</td></tr>
</table>

Date de la séance	

Début d'entraînement :　　　　　**Fin d'entraînement :**

Exercice	Temps	Distance	Calories Brûlées

Musculation

Exercices	Série 1 Répétition / charges	Série 2 Répétition / charges	Série 3 Répétition / charges	Série 4 Répétition / charges	Série 5 Répétition / charges
	KG	KG	KG	KG	KG
	KG	KG	KG	KG	KG
	KG	KG	KG	KG	KG
	KG	KG	KG	KG	KG
	KG	KG	KG	KG	KG
	KG	KG	KG	KG	KG

Semaine : 3	Cardio	Séance : 2

Date de la séance

Début d'entraînement :   **Fin d'entraînement :**

Exercice	Temps	Distance	Calories Brûlées

Musculation

Exercices	Série 1		Série 2		Série 3		Série 4		Série 5	
	Répétition	charges	Répétition	charges	Répétition	charges	Répétition	charges	Répétition	charges
		KG		KG		KG		KG		KG
		KG		KG		KG		KG		KG
		KG		KG		KG		KG		KG
		KG		KG		KG		KG		KG
		KG		KG		KG		KG		KG
		KG		KG		KG		KG		KG

<table>
<tr><td>Semaine : 3</td><td colspan="2" align="center">Cardio</td><td>Séance : 3</td></tr>
</table>

Date de la séance	

Début d'entraînement :　　　　**Fin d'entraînement :**

Exercice	Temps	Distance	Calories Brûlées

Musculation

Exercices	Série 1		Série 2		Série 3		Série 4		Série 5	
	Répétition	charges	Répétition	charges	Répétition	charges	Répétition	charges	Répétition	charges
		KG		KG		KG		KG		KG
		KG		KG		KG		KG		KG
		KG		KG		KG		KG		KG
		KG		KG		KG		KG		KG
		KG		KG		KG		KG		KG
		KG		KG		KG		KG		KG

<table>
<tr><td>Semaine : 4</td><td colspan="2" align="center">Cardio</td><td>Séance : 1</td></tr>
</table>

Date de la séance	

Début d'entraînement :   **Fin d'entraînement :**

Exercice	Temps	Distance	Calories Brûlées

Musculation

Exercices	Série 1	Série 2	Série 3	Série 4	Série 5
	Répétition / charges	Répétition / charges	Répétition / charges	Répétition / charges	Répétition / charges
	KG	KG	KG	KG	KG
	KG	KG	KG	KG	KG
	KG	KG	KG	KG	KG
	KG	KG	KG	KG	KG
	KG	KG	KG	KG	KG
	KG	KG	KG	KG	KG

Semaine : 4	Cardio		**Séance : 2**
Date de la séance			

Début d'entraînement :		Fin d'entraînement :	
Exercice	Temps	Distance	Calories Brûlées

Musculation

Exercices	Série 1		Série 2		Série 3		Série 4		Série 5	
	Répétition	charges	Répétition	charges	Répétition	charges	Répétition	charges	Répétition	charges
		KG		KG		KG		KG		KG
		KG		KG		KG		KG		KG
		KG		KG		KG		KG		KG
		KG		KG		KG		KG		KG
		KG		KG		KG		KG		KG
		KG		KG		KG		KG		KG

Semaine : 4	Cardio	Séance : 3

Date de la séance

Début d'entraînement :   **Fin d'entraînement :**

Exercice	Temps	Distance	Calories Brûlées

Musculation

Exercices	Série 1		Série 2		Série 3		Série 4		Série 5	
	Répétition	charges	Répétition	charges	Répétition	charges	Répétition	charges	Répétition	charges
		KG		KG		KG		KG		KG
		KG		KG		KG		KG		KG
		KG		KG		KG		KG		KG
		KG		KG		KG		KG		KG
		KG		KG		KG		KG		KG
		KG		KG		KG		KG		KG

Mois 8

<table>
<tr><td>

Bilan de Démarrage

</td><td>

Date :

</td></tr>
</table>

8éme mois

Objectifs de 4 semaines

Mes Mesures:

Mes Mesures : Je remplis ici les mesures que je souhaite suivre

Poids / Masses	Aujourd'hui	Objectif Final

———— Motivation & Objectifs ————

Jour 1	**Jour 8**	**Jour 15**	**Jour 22**
Jour 2	**Jour 9**	**Jour 16**	**Jour 23**
Jour 3	**Jour 10**	**Jour 17**	**Jour 24**
Jour 4	**Jour 11**	**Jour 18**	**Jour 25**
Jour 5	**Jour 12**	**Jour 19**	**Jour 26**
Jour 6	**Jour 13**	**Jour 20**	**Jour 27**
Jour 7	**Jour 14**	**Jour 21**	**Jour 28**

Notes

<table>
<tr><td>Semaine : 1</td><td colspan="2" align="center">Cardio</td><td>Séance : 1</td></tr>
</table>

Date de la séance	

Début d'entraînement : **Fin d'entraînement :**

Exercice	Temps	Distance	Calories Brûlées

Musculation

Exercices	Série 1		Série 2		Série 3		Série 4		Série 5	
	Répétition	charges	Répétition	charges	Répétition	charges	Répétition	charges	Répétition	charges
		KG		KG		KG		KG		KG
		KG		KG		KG		KG		KG
		KG		KG		KG		KG		KG
		KG		KG		KG		KG		KG
		KG		KG		KG		KG		KG
		KG		KG		KG		KG		KG

<table>
<tr><td>Semaine : 1</td><td>Cardio</td><td>Séance : 2</td></tr>
</table>

Date de la séance	

Début d'entraînement : **Fin d'entraînement :**

Exercice	Temps	Distance	Calories Brûlées

Musculation

Exercices	Série 1		Série 2		Série 3		Série 4		Série 5	
	Répétition	charges	Répétition	charges	Répétition	charges	Répétition	charges	Répétition	charges
		KG		KG		KG		KG		KG
		KG		KG		KG		KG		KG
		KG		KG		KG		KG		KG
		KG		KG		KG		KG		KG
		KG		KG		KG		KG		KG
		KG		KG		KG		KG		KG

Semaine : 1	Cardio	Séance : 3

Date de la séance	

Début d'entraînement :	Fin d'entraînement :

Exercice	Temps	Distance	Calories Brûlées

Musculation

Exercices	Série 1		Série 2		Série 3		Série 4		Série 5	
	Répétition	charges	Répétition	charges	Répétition	charges	Répétition	charges	Répétition	charges
		KG		KG		KG		KG		KG
		KG		KG		KG		KG		KG
		KG		KG		KG		KG		KG
		KG		KG		KG		KG		KG
		KG		KG		KG		KG		KG
		KG		KG		KG		KG		KG

<table>
<tr><td>Semaine : 2</td><td colspan="2">Cardio</td><td>Séance : 1</td></tr>
</table>

Date de la séance	

Début d'entraînement :	Fin d'entraînement :

Exercice	Temps	Distance	Calories Brûlées

Musculation

Exercices	Série 1		Série 2		Série 3		Série 4		Série 5	
	Répétition	charges	Répétition	charges	Répétition	charges	Répétition	charges	Répétition	charges
		KG		KG		KG		KG		KG
		KG		KG		KG		KG		KG
		KG		KG		KG		KG		KG
		KG		KG		KG		KG		KG
		KG		KG		KG		KG		KG
		KG		KG		KG		KG		KG

<table>
<tr><td>Semaine : 2</td><td>Cardio</td><td>Séance : 2</td></tr>
</table>

Date de la séance	

Début d'entraînement : **Fin d'entraînement :**

Exercice	Temps	Distance	Calories Brûlées

Musculation

Exercices	Série 1		Série 2		Série 3		Série 4		Série 5	
	Répétition	charges	Répétition	charges	Répétition	charges	Répétition	charges	Répétition	charges
		KG		KG		KG		KG		KG
		KG		KG		KG		KG		KG
		KG		KG		KG		KG		KG
		KG		KG		KG		KG		KG
		KG		KG		KG		KG		KG
		KG		KG		KG		KG		KG

Semaine : 2	Cardio	Séance : 3

Date de la séance

Début d'entraînement :   **Fin d'entraînement :**

Exercice	Temps	Distance	Calories Brûlées

Musculation

Exercices	Série 1		Série 2		Série 3		Série 4		Série 5	
	Répétition	charges	Répétition	charges	Répétition	charges	Répétition	charges	Répétition	charges
		KG		KG		KG		KG		KG
		KG		KG		KG		KG		KG
		KG		KG		KG		KG		KG
		KG		KG		KG		KG		KG
		KG		KG		KG		KG		KG
		KG		KG		KG		KG		KG

<table>
<tr><td>Semaine : 3</td><td>Cardio</td><td>Séance : 1</td></tr>
</table>

Date de la séance	

Début d'entraînement : **Fin d'entraînement :**

Exercice	Temps	Distance	Calories Brûlées

Musculation

Exercices	Série 1		Série 2		Série 3		Série 4		Série 5	
	Répétition	charges	Répétition	charges	Répétition	charges	Répétition	charges	Répétition	charges
		KG		KG		KG		KG		KG
		KG		KG		KG		KG		KG
		KG		KG		KG		KG		KG
		KG		KG		KG		KG		KG
		KG		KG		KG		KG		KG
		KG		KG		KG		KG		KG

<table>
<tr><td>Semaine : 3</td><td colspan="3">Cardio</td><td>Séance : 2</td></tr>
</table>

Date de la séance

Début d'entraînement :   **Fin d'entraînement :**

Exercice	Temps	Distance	Calories Brûlées

Musculation

Exercices	Série 1		Série 2		Série 3		Série 4		Série 5	
	Répétition	charges	Répétition	charges	Répétition	charges	Répétition	charges	Répétition	charges
		KG		KG		KG		KG		KG
		KG		KG		KG		KG		KG
		KG		KG		KG		KG		KG
		KG		KG		KG		KG		KG
		KG		KG		KG		KG		KG
		KG		KG		KG		KG		KG

<table>
<tr><td>Semaine : 3</td><td colspan="2" align="center">Cardio</td><td>Séance : 3</td></tr>
<tr><td colspan="4">Date de la séance</td></tr>
<tr><td colspan="2">Début d'entraînement :</td><td colspan="2">Fin d'entraînement :</td></tr>
</table>

Exercice	Temps	Distance	Calories Brûlées

Musculation

Exercices	Série 1		Série 2		Série 3		Série 4		Série 5	
	Répétition	charges	Répétition	charges	Répétition	charges	Répétition	charges	Répétition	charges
		KG		KG		KG		KG		KG
		KG		KG		KG		KG		KG
		KG		KG		KG		KG		KG
		KG		KG		KG		KG		KG
		KG		KG		KG		KG		KG
		KG		KG		KG		KG		KG

<table>
<tr><td>Semaine : 4</td><td>Cardio</td><td>Séance : 1</td></tr>
</table>

Date de la séance	

Début d'entraînement : **Fin d'entraînement :**

Exercice	Temps	Distance	Calories Brûlées

Musculation

Exercices	Série 1		Série 2		Série 3		Série 4		Série 5	
	Répétition	charges	Répétition	charges	Répétition	charges	Répétition	charges	Répétition	charges
		KG		KG		KG		KG		KG
		KG		KG		KG		KG		KG
		KG		KG		KG		KG		KG
		KG		KG		KG		KG		KG
		KG		KG		KG		KG		KG
		KG		KG		KG		KG		KG

Date de la séance

Début d'entraînement :   **Fin d'entraînement :**

Exercice	Temps	Distance	Calories Brûlées

Musculation

Exercices	Série 1		Série 2		Série 3		Série 4		Série 5	
	Répétition	charges	Répétition	charges	Répétition	charges	Répétition	charges	Répétition	charges
		KG		KG		KG		KG		KG
		KG		KG		KG		KG		KG
		KG		KG		KG		KG		KG
		KG		KG		KG		KG		KG
		KG		KG		KG		KG		KG
		KG		KG		KG		KG		KG

Semaine : 4	Cardio	Séance : 3

Date de la séance	

Début d'entraînement :   **Fin d'entraînement :**

Exercice	Temps	Distance	Calories Brûlées

Musculation

Exercices	Série 1		Série 2		Série 3		Série 4		Série 5	
	Répétition	charges	Répétition	charges	Répétition	charges	Répétition	charges	Répétition	charges
		KG		KG		KG		KG		KG
		KG		KG		KG		KG		KG
		KG		KG		KG		KG		KG
		KG		KG		KG		KG		KG
		KG		KG		KG		KG		KG
		KG		KG		KG		KG		KG

Mois 9

Bilan de Démarrage

Date :

9éme mois

Objectifs de 4 semaines

Mes Mesures:

Mes Mesures : Je remplis ici les mesures que je souhaite suivre

Poids / Masses	Aujourd'hui	Objectif Final

Motivation & Objectifs

<u>Jour 1</u>	**<u>Jour 8</u>**	**<u>Jour 15</u>**	**<u>Jour 22</u>**
<u>Jour 2</u>	**<u>Jour 9</u>**	**<u>Jour 16</u>**	**<u>Jour 23</u>**
<u>Jour 3</u>	**<u>Jour 10</u>**	**<u>Jour 17</u>**	**<u>Jour 24</u>**
<u>Jour 4</u>	**<u>Jour 11</u>**	**<u>Jour 18</u>**	**<u>Jour 25</u>**
<u>Jour 5</u>	**<u>Jour 12</u>**	**<u>Jour 19</u>**	**<u>Jour 26</u>**
<u>Jour 6</u>	**<u>Jour 13</u>**	**<u>Jour 20</u>**	**<u>Jour 27</u>**
<u>Jour 7</u>	**<u>Jour 14</u>**	**<u>Jour 21</u>**	**<u>Jour 28</u>**

Notes

<table>
<tr><td>Semaine : 1</td><td colspan="3" align="center">Cardio</td><td>Séance : 1</td></tr>
<tr><td>Date de la séance</td><td colspan="4"></td></tr>
<tr><td colspan="2">Début d'entraînement :</td><td colspan="3">Fin d'entraînement :</td></tr>
</table>

Exercice	Temps	Distance	Calories Brûlées

Musculation

Exercices	Série 1		Série 2		Série 3		Série 4		Série 5	
	Répétition	charges	Répétition	charges	Répétition	charges	Répétition	charges	Répétition	charges
		KG		KG		KG		KG		KG
		KG		KG		KG		KG		KG
		KG		KG		KG		KG		KG
		KG		KG		KG		KG		KG
		KG		KG		KG		KG		KG
		KG		KG		KG		KG		KG

Semaine : 1	Cardio	Séance : 2

Date de la séance

Début d'entraînement :   **Fin d'entraînement :**

Exercice	Temps	Distance	Calories Brûlées

Musculation

Exercices	Série 1		Série 2		Série 3		Série 4		Série 5	
	Répétition	charges	Répétition	charges	Répétition	charges	Répétition	charges	Répétition	charges
		KG		KG		KG		KG		KG
		KG		KG		KG		KG		KG
		KG		KG		KG		KG		KG
		KG		KG		KG		KG		KG
		KG		KG		KG		KG		KG
		KG		KG		KG		KG		KG

<table>
<tr><td>**Semaine : 1**</td><td colspan="3">**Cardio**</td><td>**Séance : 3**</td></tr>
</table>

Date de la séance	

Début d'entraînement :   **Fin d'entraînement :**

Exercice	Temps	Distance	Calories Brûlées

Musculation

Exercices	Série 1		Série 2		Série 3		Série 4		Série 5	
	Répétition	charges	Répétition	charges	Répétition	charges	Répétition	charges	Répétition	charges
		KG		KG		KG		KG		KG
		KG		KG		KG		KG		KG
		KG		KG		KG		KG		KG
		KG		KG		KG		KG		KG
		KG		KG		KG		KG		KG
		KG		KG		KG		KG		KG

<table>
<tr><td>Semaine : 2</td><td colspan="2">Cardio</td><td>Séance : 1</td></tr>
</table>

Date de la séance

Début d'entraînement : **Fin d'entraînement :**

Exercice	Temps	Distance	Calories Brûlées

Musculation

Exercices	Série 1		Série 2		Série 3		Série 4		Série 5	
	Répétition	charges	Répétition	charges	Répétition	charges	Répétition	charges	Répétition	charges
		KG		KG		KG		KG		KG
		KG		KG		KG		KG		KG
		KG		KG		KG		KG		KG
		KG		KG		KG		KG		KG
		KG		KG		KG		KG		KG
		KG		KG		KG		KG		KG

<table>
<tr><td>**Semaine : 2**</td><td colspan="2">**Cardio**</td><td>**Séance : 2**</td></tr>
<tr><td colspan="4">Date de la séance</td></tr>
<tr><td colspan="2">Début d'entraînement :</td><td colspan="2">Fin d'entraînement :</td></tr>
</table>

Exercice	Temps	Distance	Calories Brûlées

Musculation

Exercices	Série 1	Série 2	Série 3	Série 4	Série 5
	Répétition / charges	Répétition / charges	Répétition / charges	Répétition / charges	Répétition / charges
	KG	KG	KG	KG	KG
	KG	KG	KG	KG	KG
	KG	KG	KG	KG	KG
	KG	KG	KG	KG	KG
	KG	KG	KG	KG	KG
	KG	KG	KG	KG	KG

<table>
<tr><td>Semaine : 2</td><td>Cardio</td><td>Séance : 3</td></tr>
</table>

Date de la séance

Début d'entraînement :   **Fin d'entraînement :**

Exercice	Temps	Distance	Calories Brûlées

Musculation

Exercices	Série 1		Série 2		Série 3		Série 4		Série 5	
	Répétition	charges	Répétition	charges	Répétition	charges	Répétition	charges	Répétition	charges
		KG		KG		KG		KG		KG
		KG		KG		KG		KG		KG
		KG		KG		KG		KG		KG
		KG		KG		KG		KG		KG
		KG		KG		KG		KG		KG
		KG		KG		KG		KG		KG

<table>
<tr><td>Semaine : 3</td><td colspan="2" align="center">Cardio</td><td>Séance : 1</td></tr>
<tr><td>Date de la séance</td><td colspan="3"></td></tr>
<tr><td colspan="2">Début d'entraînement :</td><td colspan="2">Fin d'entraînement :</td></tr>
<tr><td>Exercice</td><td>Temps</td><td>Distance</td><td>Calories Brûlées</td></tr>
<tr><td></td><td></td><td></td><td></td></tr>
<tr><td></td><td></td><td></td><td></td></tr>
<tr><td></td><td></td><td></td><td></td></tr>
</table>

Musculation

Exercices	Série 1 Répétition / charges	Série 2 Répétition / charges	Série 3 Répétition / charges	Série 4 Répétition / charges	Série 5 Répétition / charges
	KG	KG	KG	KG	KG
	KG	KG	KG	KG	KG
	KG	KG	KG	KG	KG
	KG	KG	KG	KG	KG
	KG	KG	KG	KG	KG
	KG	KG	KG	KG	KG

<table>
<tr><td>Semaine : 3</td><td>Cardio</td><td>Séance : 2</td></tr>
</table>

Date de la séance	

Début d'entraînement : **Fin d'entraînement :**

Exercice	Temps	Distance	Calories Brûlées

Musculation

Exercices	Série 1		Série 2		Série 3		Série 4		Série 5	
	Répétition	charges	Répétition	charges	Répétition	charges	Répétition	charges	Répétition	charges
		KG		KG		KG		KG		KG
		KG		KG		KG		KG		KG
		KG		KG		KG		KG		KG
		KG		KG		KG		KG		KG
		KG		KG		KG		KG		KG
		KG		KG		KG		KG		KG

<table>
<tr><td>**Semaine : 3**</td><td colspan="2">**Cardio**</td><td>**Séance : 3**</td></tr>
</table>

Date de la séance	

Début d'entraînement :	Fin d'entraînement :

Exercice	Temps	Distance	Calories Brûlées

Musculation

Exercices	Série 1		Série 2		Série 3		Série 4		Série 5	
	Répétition	charges	Répétition	charges	Répétition	charges	Répétition	charges	Répétition	charges
		KG		KG		KG		KG		KG
		KG		KG		KG		KG		KG
		KG		KG		KG		KG		KG
		KG		KG		KG		KG		KG
		KG		KG		KG		KG		KG
		KG		KG		KG		KG		KG

Semaine : 4	Cardio	Séance : 1

Date de la séance

Début d'entraînement :   **Fin d'entraînement :**

Exercice	Temps	Distance	Calories Brûlées

Musculation

Exercices	Série 1		Série 2		Série 3		Série 4		Série 5	
	Répétition	charges	Répétition	charges	Répétition	charges	Répétition	charges	Répétition	charges
		KG		KG		KG		KG		KG
		KG		KG		KG		KG		KG
		KG		KG		KG		KG		KG
		KG		KG		KG		KG		KG
		KG		KG		KG		KG		KG
		KG		KG		KG		KG		KG

<table>
<tr><td>Semaine : 4</td><td colspan="2" align="center">Cardio</td><td align="right">Séance : 2</td></tr>
</table>

Date de la séance	

Début d'entraînement :   **Fin d'entraînement :**

Exercice	Temps	Distance	Calories Brûlées

Musculation

Exercices	Série 1		Série 2		Série 3		Série 4		Série 5	
	Répétition	charges	Répétition	charges	Répétition	charges	Répétition	charges	Répétition	charges
		KG		KG		KG		KG		KG
		KG		KG		KG		KG		KG
		KG		KG		KG		KG		KG
		KG		KG		KG		KG		KG
		KG		KG		KG		KG		KG
		KG		KG		KG		KG		KG

Semaine : 4 — Cardio — Séance : 3

Date de la séance

Début d'entraînement :   **Fin d'entraînement :**

Exercice	Temps	Distance	Calories Brûlées

Musculation

Exercices	Série 1 Répétition / charges	Série 2 Répétition / charges	Série 3 Répétition / charges	Série 4 Répétition / charges	Série 5 Répétition / charges
	KG	KG	KG	KG	KG
	KG	KG	KG	KG	KG
	KG	KG	KG	KG	KG
	KG	KG	KG	KG	KG
	KG	KG	KG	KG	KG
	KG	KG	KG	KG	KG

Mois 10

10éme mois

Objectifs de 4 semaines

Mes Mesures:

Mes Mesures : Je remplis ici les mesures que je souhaite suivre

Poids / Masses	Aujourd'hui	Objectif Final

——— Motivation & Objectifs ———

Jour 1	**Jour 8**	**Jour 15**	**Jour 22**
Jour 2	**Jour 9**	**Jour 16**	**Jour 23**
Jour 3	**Jour 10**	**Jour 17**	**Jour 24**
Jour 4	**Jour 11**	**Jour 18**	**Jour 25**
Jour 5	**Jour 12**	**Jour 19**	**Jour 26**
Jour 6	**Jour 13**	**Jour 20**	**Jour 27**
Jour 7	**Jour 14**	**Jour 21**	**Jour 28**

Notes

<table>
<tr><td>Semaine : 1</td><td colspan="3" align="center">Cardio</td><td>Séance : 1</td></tr>
<tr><td colspan="5">Date de la séance</td></tr>
<tr><td colspan="2">Début d'entraînement :</td><td colspan="3">Fin d'entraînement :</td></tr>
</table>

Exercice	Temps	Distance	Calories Brûlées

Musculation

Exercices	Série 1 Répétition / charges	Série 2 Répétition / charges	Série 3 Répétition / charges	Série 4 Répétition / charges	Série 5 Répétition / charges
	KG	KG	KG	KG	KG
	KG	KG	KG	KG	KG
	KG	KG	KG	KG	KG
	KG	KG	KG	KG	KG
	KG	KG	KG	KG	KG
	KG	KG	KG	KG	KG

<table>
<tr><td>Semaine : 1</td><td colspan="2">Cardio</td><td>Séance : 2</td></tr>
<tr><td>Date de la séance</td><td colspan="3"></td></tr>
<tr><td colspan="2">Début d'entraînement :</td><td colspan="2">Fin d'entraînement :</td></tr>
</table>

Exercice	Temps	Distance	Calories Brûlées

Musculation

Exercices	Série 1 Répétition / charges	Série 2 Répétition / charges	Série 3 Répétition / charges	Série 4 Répétition / charges	Série 5 Répétition / charges
	KG	KG	KG	KG	KG
	KG	KG	KG	KG	KG
	KG	KG	KG	KG	KG
	KG	KG	KG	KG	KG
	KG	KG	KG	KG	KG
	KG	KG	KG	KG	KG

<table>
<tr><td>Semaine : 1</td><td colspan="2">Cardio</td><td>Séance : 3</td></tr>
<tr><td colspan="4">Date de la séance</td></tr>
<tr><td colspan="2">Début d'entraînement :</td><td colspan="2">Fin d'entraînement :</td></tr>
<tr><td>Exercice</td><td>Temps</td><td>Distance</td><td>Calories Brûlées</td></tr>
<tr><td></td><td></td><td></td><td></td></tr>
<tr><td></td><td></td><td></td><td></td></tr>
<tr><td></td><td></td><td></td><td></td></tr>
</table>

Musculation

Exercices	Série 1		Série 2		Série 3		Série 4		Série 5	
	Répétition	charges	Répétition	charges	Répétition	charges	Répétition	charges	Répétition	charges
		KG		KG		KG		KG		KG
		KG		KG		KG		KG		KG
		KG		KG		KG		KG		KG
		KG		KG		KG		KG		KG
		KG		KG		KG		KG		KG
		KG		KG		KG		KG		KG

Semaine : 2	Cardio	Séance : 1

Date de la séance

Début d'entraînement :   **Fin d'entraînement :**

Exercice	Temps	Distance	Calories Brûlées

Musculation

Exercices	Série 1		Série 2		Série 3		Série 4		Série 5	
	Répétition	charges	Répétition	charges	Répétition	charges	Répétition	charges	Répétition	charges
		KG		KG		KG		KG		KG
		KG		KG		KG		KG		KG
		KG		KG		KG		KG		KG
		KG		KG		KG		KG		KG
		KG		KG		KG		KG		KG
		KG		KG		KG		KG		KG

<table>
<tr><td>Semaine : 2</td><td colspan="2" align="center">Cardio</td><td>Séance : 2</td></tr>
<tr><td colspan="4">Date de la séance</td></tr>
<tr><td colspan="2">Début d'entraînement :</td><td colspan="2">Fin d'entraînement :</td></tr>
</table>

Exercice	Temps	Distance	Calories Brûlées

Musculation

Exercices	Série 1 Répétition / charges	Série 2 Répétition / charges	Série 3 Répétition / charges	Série 4 Répétition / charges	Série 5 Répétition / charges
	KG	KG	KG	KG	KG
	KG	KG	KG	KG	KG
	KG	KG	KG	KG	KG
	KG	KG	KG	KG	KG
	KG	KG	KG	KG	KG
	KG	KG	KG	KG	KG

<table>
<tr><td>Semaine : 2</td><td>Cardio</td><td>Séance : 3</td></tr>
</table>

Date de la séance	

Début d'entraînement :	Fin d'entraînement :

Exercice	Temps	Distance	Calories Brûlées

Musculation

Exercices	Série 1 Répétition / charges	Série 2 Répétition / charges	Série 3 Répétition / charges	Série 4 Répétition / charges	Série 5 Répétition / charges
	KG	KG	KG	KG	KG
	KG	KG	KG	KG	KG
	KG	KG	KG	KG	KG
	KG	KG	KG	KG	KG
	KG	KG	KG	KG	KG
	KG	KG	KG	KG	KG

Semaine : 3	Cardio	Séance : 1

Date de la séance	

Début d'entraînement :	Fin d'entraînement :

Exercice	Temps	Distance	Calories Brûlées

Musculation

Exercices	Série 1		Série 2		Série 3		Série 4		Série 5	
	Répétition	charges	Répétition	charges	Répétition	charges	Répétition	charges	Répétition	charges
		KG		KG		KG		KG		KG
		KG		KG		KG		KG		KG
		KG		KG		KG		KG		KG
		KG		KG		KG		KG		KG
		KG		KG		KG		KG		KG
		KG		KG		KG		KG		KG

| Semaine : 3 | Cardio | Séance : 2 |

Date de la séance

Début d'entraînement : **Fin d'entraînement :**

Exercice	Temps	Distance	Calories Brûlées

Musculation

Exercices	Série 1		Série 2		Série 3		Série 4		Série 5	
	Répétition	charges	Répétition	charges	Répétition	charges	Répétition	charges	Répétition	charges
		KG		KG		KG		KG		KG
		KG		KG		KG		KG		KG
		KG		KG		KG		KG		KG
		KG		KG		KG		KG		KG
		KG		KG		KG		KG		KG
		KG		KG		KG		KG		KG

<table>
<tr><td>**Semaine : 3**</td><td colspan="2">**Cardio**</td><td>**Séance : 3**</td></tr>
<tr><td colspan="4">Date de la séance</td></tr>
<tr><td colspan="2">Début d'entraînement :</td><td colspan="2">Fin d'entraînement :</td></tr>
</table>

Exercice	Temps	Distance	Calories Brûlées

Musculation

Exercices	Série 1		Série 2		Série 3		Série 4		Série 5	
	Répétition	charges	Répétition	charges	Répétition	charges	Répétition	charges	Répétition	charges
		KG		KG		KG		KG		KG
		KG		KG		KG		KG		KG
		KG		KG		KG		KG		KG
		KG		KG		KG		KG		KG
		KG		KG		KG		KG		KG
		KG		KG		KG		KG		KG

| Semaine : 4 | Cardio | Séance : 1 |

Date de la séance

Début d'entraînement :   Fin d'entraînement :

Exercice	Temps	Distance	Calories Brûlées

Musculation

Exercices	Série 1		Série 2		Série 3		Série 4		Série 5	
	Répétition	charges	Répétition	charges	Répétition	charges	Répétition	charges	Répétition	charges
		KG		KG		KG		KG		KG
		KG		KG		KG		KG		KG
		KG		KG		KG		KG		KG
		KG		KG		KG		KG		KG
		KG		KG		KG		KG		KG
		KG		KG		KG		KG		KG

<table>
<tr><td>Semaine : 4</td><td colspan="2">Cardio</td><td>Séance : 2</td></tr>
</table>

Date de la séance	

Début d'entraînement :   **Fin d'entraînement :**

Exercice	Temps	Distance	Calories Brûlées

Musculation

Exercices	Série 1 Répétition / charges	Série 2 Répétition / charges	Série 3 Répétition / charges	Série 4 Répétition / charges	Série 5 Répétition / charges
	KG	KG	KG	KG	KG
	KG	KG	KG	KG	KG
	KG	KG	KG	KG	KG
	KG	KG	KG	KG	KG
	KG	KG	KG	KG	KG
	KG	KG	KG	KG	KG

Semaine : 4	Cardio	Séance : 3

Date de la séance

Début d'entraînement :   **Fin d'entraînement :**

Exercice	Temps	Distance	Calories Brûlées

Musculation

Exercices	Série 1		Série 2		Série 3		Série 4		Série 5	
	Répétition	charges	Répétition	charges	Répétition	charges	Répétition	charges	Répétition	charges
		KG		KG		KG		KG		KG
		KG		KG		KG		KG		KG
		KG		KG		KG		KG		KG
		KG		KG		KG		KG		KG
		KG		KG		KG		KG		KG
		KG		KG		KG		KG		KG

Mois 11

<u>Jour 1</u>	**<u>Jour 8</u>**	**<u>Jour 15</u>**	**<u>Jour 22</u>**
<u>Jour 2</u>	**<u>Jour 9</u>**	**<u>Jour 16</u>**	**<u>Jour 23</u>**
<u>Jour 3</u>	**<u>Jour 10</u>**	**<u>Jour 17</u>**	**<u>Jour 24</u>**
<u>Jour 4</u>	**<u>Jour 11</u>**	**<u>Jour 18</u>**	**<u>Jour 25</u>**
<u>Jour 5</u>	**<u>Jour 12</u>**	**<u>Jour 19</u>**	**<u>Jour 26</u>**
<u>Jour 6</u>	**<u>Jour 13</u>**	**<u>Jour 20</u>**	**<u>Jour 27</u>**
<u>Jour 7</u>	**<u>Jour 14</u>**	**<u>Jour 21</u>**	**<u>Jour 28</u>**

Notes

<table>
<tr><td>Semaine : 1</td><td colspan="2">Cardio</td><td>Séance : 1</td></tr>
<tr><td>Date de la séance</td><td colspan="3"></td></tr>
<tr><td colspan="2">Début d'entraînement :</td><td colspan="2">Fin d'entraînement :</td></tr>
</table>

Exercice	Temps	Distance	Calories Brûlées

Musculation

Exercices	Série 1		Série 2		Série 3		Série 4		Série 5	
	Répétition	charges	Répétition	charges	Répétition	charges	Répétition	charges	Répétition	charges
		KG		KG		KG		KG		KG
		KG		KG		KG		KG		KG
		KG		KG		KG		KG		KG
		KG		KG		KG		KG		KG
		KG		KG		KG		KG		KG
		KG		KG		KG		KG		KG

| Semaine : 1 | | Cardio | | Séance : 2 |

Date de la séance

Début d'entraînement :   **Fin d'entraînement :**

Exercice	Temps	Distance	Calories Brûlées

Musculation

Exercices	Série 1		Série 2		Série 3		Série 4		Série 5	
	Répétition	charges	Répétition	charges	Répétition	charges	Répétition	charges	Répétition	charges
		KG		KG		KG		KG		KG
		KG		KG		KG		KG		KG
		KG		KG		KG		KG		KG
		KG		KG		KG		KG		KG
		KG		KG		KG		KG		KG
		KG		KG		KG		KG		KG

Semaine : 1	Cardio	Séance : 3

Date de la séance

Début d'entraînement : **Fin d'entraînement :**

Exercice	Temps	Distance	Calories Brûlées

Musculation

Exercices	Série 1		Série 2		Série 3		Série 4		Série 5	
	Répétition	charges	Répétition	charges	Répétition	charges	Répétition	charges	Répétition	charges
		KG		KG		KG		KG		KG
		KG		KG		KG		KG		KG
		KG		KG		KG		KG		KG
		KG		KG		KG		KG		KG
		KG		KG		KG		KG		KG
		KG		KG		KG		KG		KG

Semaine : 2	Cardio	Séance : 1

Date de la séance

Début d'entraînement :   **Fin d'entraînement :**

Exercice	Temps	Distance	Calories Brûlées

Musculation

Exercices	Série 1		Série 2		Série 3		Série 4		Série 5	
	Répétition	charges	Répétition	charges	Répétition	charges	Répétition	charges	Répétition	charges
		KG		KG		KG		KG		KG
		KG		KG		KG		KG		KG
		KG		KG		KG		KG		KG
		KG		KG		KG		KG		KG
		KG		KG		KG		KG		KG
		KG		KG		KG		KG		KG

Semaine : 2		Cardio		Séance : 2

Date de la séance	

Début d'entraînement :		Fin d'entraînement :	

Exercice	Temps	Distance	Calories Brûlées

Musculation

Exercices	Série 1		Série 2		Série 3		Série 4		Série 5	
	Répétition	charges	Répétition	charges	Répétition	charges	Répétition	charges	Répétition	charges
		KG		KG		KG		KG		KG
		KG		KG		KG		KG		KG
		KG		KG		KG		KG		KG
		KG		KG		KG		KG		KG
		KG		KG		KG		KG		KG

Semaine : 2	Cardio	Séance : 3

Date de la séance

Début d'entraînement : **Fin d'entraînement :**

Exercice	Temps	Distance	Calories Brûlées

Musculation

Exercices	Série 1		Série 2		Série 3		Série 4		Série 5	
	Répétition	charges	Répétition	charges	Répétition	charges	Répétition	charges	Répétition	charges
		KG		KG		KG		KG		KG
		KG		KG		KG		KG		KG
		KG		KG		KG		KG		KG
		KG		KG		KG		KG		KG
		KG		KG		KG		KG		KG
		KG		KG		KG		KG		KG

<table>
<tr><td>Semaine : 3</td><td colspan="2">Cardio</td><td>Séance : 1</td></tr>
</table>

Date de la séance	

Début d'entraînement :   **Fin d'entraînement :**

Exercice	Temps	Distance	Calories Brûlées

Musculation

Exercices	Série 1		Série 2		Série 3		Série 4		Série 5	
	Répétition	charges	Répétition	charges	Répétition	charges	Répétition	charges	Répétition	charges
		KG		KG		KG		KG		KG
		KG		KG		KG		KG		KG
		KG		KG		KG		KG		KG
		KG		KG		KG		KG		KG
		KG		KG		KG		KG		KG
		KG		KG		KG		KG		KG

<table>
<tr><td>Semaine : 3</td><td colspan="2">Cardio</td><td>Séance : 2</td></tr>
</table>

Date de la séance	

Début d'entraînement : **Fin d'entraînement :**

Exercice	Temps	Distance	Calories Brûlées

Musculation

Exercices	Série 1		Série 2		Série 3		Série 4		Série 5	
	Répétition	charges	Répétition	charges	Répétition	charges	Répétition	charges	Répétition	charges
		KG		KG		KG		KG		KG
		KG		KG		KG		KG		KG
		KG		KG		KG		KG		KG
		KG		KG		KG		KG		KG
		KG		KG		KG		KG		KG
		KG		KG		KG		KG		KG

Cardio

Date de la séance

Début d'entraînement :   **Fin d'entraînement :**

Exercice	Temps	Distance	Calories Brûlées

Musculation

Exercices	Série 1		Série 2		Série 3		Série 4		Série 5	
	Répétition	charges	Répétition	charges	Répétition	charges	Répétition	charges	Répétition	charges
		KG		KG		KG		KG		KG
		KG		KG		KG		KG		KG
		KG		KG		KG		KG		KG
		KG		KG		KG		KG		KG
		KG		KG		KG		KG		KG
		KG		KG		KG		KG		KG

Semaine : 4	Cardio	Séance : 1

Date de la séance

Début d'entraînement : **Fin d'entraînement :**

Exercice	Temps	Distance	Calories Brûlées

Musculation

Exercices	Série 1		Série 2		Série 3		Série 4		Série 5	
	Répétition	charges	Répétition	charges	Répétition	charges	Répétition	charges	Répétition	charges
		KG		KG		KG		KG		KG
		KG		KG		KG		KG		KG
		KG		KG		KG		KG		KG
		KG		KG		KG		KG		KG
		KG		KG		KG		KG		KG
		KG		KG		KG		KG		KG

Semaine : 4	Cardio	Séance : 2

Date de la séance

Début d'entraînement :   **Fin d'entraînement :**

Exercice	Temps	Distance	Calories Brûlées

Musculation

Exercices	Série 1		Série 2		Série 3		Série 4		Série 5	
	Répétition	charges	Répétition	charges	Répétition	charges	Répétition	charges	Répétition	charges
		KG		KG		KG		KG		KG
		KG		KG		KG		KG		KG
		KG		KG		KG		KG		KG
		KG		KG		KG		KG		KG
		KG		KG		KG		KG		KG
		KG		KG		KG		KG		KG

<table>
<tr><td>Semaine : 4</td><td>Cardio</td><td>Séance : 3</td></tr>
</table>

Date de la séance

Début d'entraînement :   **Fin d'entraînement :**

Exercice	Temps	Distance	Calories Brûlées

Musculation

Exercices	Série 1		Série 2		Série 3		Série 4		Série 5	
	Répétition	charges	Répétition	charges	Répétition	charges	Répétition	charges	Répétition	charges
		KG		KG		KG		KG		KG
		KG		KG		KG		KG		KG
		KG		KG		KG		KG		KG
		KG		KG		KG		KG		KG
		KG		KG		KG		KG		KG
		KG		KG		KG		KG		KG

Mois 12

Bilan de Démarrage

Date :

12éme mois

Objectifs de 4 semaines

Mes Mesures:

Mes Mesures : Je remplis ici les mesures que je souhaite suivre

Poids / Masses	Aujourd'hui	Objectif Final

Motivation & Objectifs

Jour 1	**Jour 8**	**Jour 15**	**Jour 22**
Jour 2	**Jour 9**	**Jour 16**	**Jour 23**
Jour 3	**Jour 10**	**Jour 17**	**Jour 24**
Jour 4	**Jour 11**	**Jour 18**	**Jour 25**
Jour 5	**Jour 12**	**Jour 19**	**Jour 26**
Jour 6	**Jour 13**	**Jour 20**	**Jour 27**
Jour 7	**Jour 14**	**Jour 21**	**Jour 28**

Notes

<table>
<tr><td>Semaine : 1</td><td colspan="3">Cardio</td><td>Séance : 1</td></tr>
<tr><td>Date de la séance</td><td colspan="4"></td></tr>
<tr><td colspan="2">Début d'entraînement :</td><td colspan="3">Fin d'entraînement :</td></tr>
<tr><td>Exercice</td><td>Temps</td><td colspan="2">Distance</td><td>Calories Brûlées</td></tr>
<tr><td></td><td></td><td colspan="2"></td><td></td></tr>
<tr><td></td><td></td><td colspan="2"></td><td></td></tr>
<tr><td></td><td></td><td colspan="2"></td><td></td></tr>
</table>

Musculation

Exercices	Série 1		Série 2		Série 3		Série 4		Série 5	
	Répétition	charges	Répétition	charges	Répétition	charges	Répétition	charges	Répétition	charges
		KG		KG		KG		KG		KG
		KG		KG		KG		KG		KG
		KG		KG		KG		KG		KG
		KG		KG		KG		KG		KG
		KG		KG		KG		KG		KG
		KG		KG		KG		KG		KG

Semaine : 1	**Cardio**	**Séance : 2**

Date de la séance

Début d'entraînement :   **Fin d'entraînement :**

Exercice	Temps	Distance	Calories Brûlées

Musculation

Exercices	Série 1		Série 2		Série 3		Série 4		Série 5	
	Répétition	charges	Répétition	charges	Répétition	charges	Répétition	charges	Répétition	charges
		KG		KG		KG		KG		KG
		KG		KG		KG		KG		KG
		KG		KG		KG		KG		KG
		KG		KG		KG		KG		KG
		KG		KG		KG		KG		KG
		KG		KG		KG		KG		KG

Semaine : 1	Cardio	Séance : 3

Date de la séance	

Début d'entraînement :	Fin d'entraînement :

Exercice	Temps	Distance	Calories Brûlées

Musculation

Exercices	Série 1		Série 2		Série 3		Série 4		Série 5	
	Répétition	charges	Répétition	charges	Répétition	charges	Répétition	charges	Répétition	charges
		KG		KG		KG		KG		KG
		KG		KG		KG		KG		KG
		KG		KG		KG		KG		KG
		KG		KG		KG		KG		KG
		KG		KG		KG		KG		KG
		KG		KG		KG		KG		KG

Semaine : 2	Cardio	Séance : 1

Date de la séance

Début d'entraînement :   **Fin d'entraînement :**

Exercice	Temps	Distance	Calories Brûlées

Musculation

Exercices	Série 1		Série 2		Série 3		Série 4		Série 5	
	Répétition	charges	Répétition	charges	Répétition	charges	Répétition	charges	Répétition	charges
		KG		KG		KG		KG		KG
		KG		KG		KG		KG		KG
		KG		KG		KG		KG		KG
		KG		KG		KG		KG		KG
		KG		KG		KG		KG		KG
		KG		KG		KG		KG		KG

Cardio

Date de la séance

Début d'entraînement :   Fin d'entraînement :

Exercice	Temps	Distance	Calories Brûlées

Musculation

Exercices	Série 1		Série 2		Série 3		Série 4		Série 5	
	Répétition	charges	Répétition	charges	Répétition	charges	Répétition	charges	Répétition	charges
		KG		KG		KG		KG		KG
		KG		KG		KG		KG		KG
		KG		KG		KG		KG		KG
		KG		KG		KG		KG		KG
		KG		KG		KG		KG		KG
		KG		KG		KG		KG		KG

<table>
<tr><td>Semaine : 2</td><td>Cardio</td><td>Séance : 3</td></tr>
</table>

Date de la séance

Début d'entraînement : **Fin d'entraînement :**

Exercice	Temps	Distance	Calories Brûlées

Musculation

Exercices	Série 1		Série 2		Série 3		Série 4		Série 5	
	Répétition	charges	Répétition	charges	Répétition	charges	Répétition	charges	Répétition	charges
		KG		KG		KG		KG		KG
		KG		KG		KG		KG		KG
		KG		KG		KG		KG		KG
		KG		KG		KG		KG		KG
		KG		KG		KG		KG		KG
		KG		KG		KG		KG		KG

Semaine : 3	Cardio	Séance : 1

Date de la séance	

Début d'entraînement :	Fin d'entraînement :

Exercice	Temps	Distance	Calories Brûlées

Musculation

Exercices	Série 1		Série 2		Série 3		Série 4		Série 5	
	Répétition	charges	Répétition	charges	Répétition	charges	Répétition	charges	Répétition	charges
		KG		KG		KG		KG		KG
		KG		KG		KG		KG		KG
		KG		KG		KG		KG		KG
		KG		KG		KG		KG		KG
		KG		KG		KG		KG		KG
		KG		KG		KG		KG		KG

<table>
<tr><td>Semaine : 3</td><td>Cardio</td><td>Séance : 2</td></tr>
</table>

Date de la séance	
Début d'entraînement :	**Fin d'entraînement :**

Exercice	Temps	Distance	Calories Brûlées

Musculation

Exercices	Série 1		Série 2		Série 3		Série 4		Série 5	
	Répétition	charges	Répétition	charges	Répétition	charges	Répétition	charges	Répétition	charges
		KG		KG		KG		KG		KG
		KG		KG		KG		KG		KG
		KG		KG		KG		KG		KG
		KG		KG		KG		KG		KG
		KG		KG		KG		KG		KG
		KG		KG		KG		KG		KG

<table>
<tr><td>Semaine : 3</td><td>Cardio</td><td>Séance : 3</td></tr>
</table>

Date de la séance	

Début d'entraînement :   **Fin d'entraînement :**

Exercice	Temps	Distance	Calories Brûlées

Musculation

Exercices	Série 1 Répétition / charges	Série 2 Répétition / charges	Série 3 Répétition / charges	Série 4 Répétition / charges	Série 5 Répétition / charges
	KG	KG	KG	KG	KG
	KG	KG	KG	KG	KG
	KG	KG	KG	KG	KG
	KG	KG	KG	KG	KG
	KG	KG	KG	KG	KG
	KG	KG	KG	KG	KG

<table>
<tr><td>Semaine : 4</td><td>Cardio</td><td>Séance : 1</td></tr>
</table>

Date de la séance	

Début d'entraînement :	Fin d'entraînement :

Exercice	Temps	Distance	Calories Brûlées

Musculation

Exercices	Série 1		Série 2		Série 3		Série 4		Série 5	
	Répétition	charges	Répétition	charges	Répétition	charges	Répétition	charges	Répétition	charges
		KG		KG		KG		KG		KG
		KG		KG		KG		KG		KG
		KG		KG		KG		KG		KG
		KG		KG		KG		KG		KG
		KG		KG		KG		KG		KG
		KG		KG		KG		KG		KG

Cardio

Date de la séance

Début d'entraînement :   Fin d'entraînement :

Exercice	Temps	Distance	Calories Brûlées

Musculation

Exercices	Série 1		Série 2		Série 3		Série 4		Série 5	
	Répétition	charges	Répétition	charges	Répétition	charges	Répétition	charges	Répétition	charges
		KG		KG		KG		KG		KG
		KG		KG		KG		KG		KG
		KG		KG		KG		KG		KG
		KG		KG		KG		KG		KG
		KG		KG		KG		KG		KG
		KG		KG		KG		KG		KG

Date de la séance

Début d'entraînement :   **Fin d'entraînement :**

Exercice	Temps	Distance	Calories Brûlées

Musculation

Exercices	Série 1		Série 2		Série 3		Série 4		Série 5	
	Répétition	charges	Répétition	charges	Répétition	charges	Répétition	charges	Répétition	charges
		KG		KG		KG		KG		KG
		KG		KG		KG		KG		KG
		KG		KG		KG		KG		KG
		KG		KG		KG		KG		KG
		KG		KG		KG		KG		KG
		KG		KG		KG		KG		KG

www.ingramcontent.com/pod-product-compliance
Lightning Source LLC
Chambersburg PA
CBHW071416150726
48000CB00001B/355